LAMARTINE

LAMARTINE

LAMARTINE

PAR

EUGÈNE DE MIRECOURT

PARIS

GUSTAVE HAVARD, ÉDITEUR

15, RUE GUÉNÉGAUD, 15

1855

LAMARTINE

Que le public prenne garde de se tromper à notre œuvre. I aurait tort de croire que nou cherchons un succès de scandale.

Nous sommes porté à l'éloge beaucoup plus qu'à la critique.

Lorsqu'une pénible vérité se rencontre

au milieu d'une page, il faut bien la dire
pour rester fidèle à notre devoir de consciencieux biographe. Où serait le prix de
la louange si nous l'accordions indistinc-
tement à tous ?

Chacun néanmoins n'a pas le droit de
prendre la parole, quand il s'agit de nos
illustrations et de nos gloires.

Si le poëte a des faiblesses, il n'appartient qu'à un honnête homme, qu'à un
écrivain courageux, de soulever le voile
qui les cache, parce que le but de cet
homme est louable, parce que l'écrivain
est là, sur la brèche, toujours prêt à paraître et à répondre de sa plume. S'il fait
voir une tache au soleil, c'est pour que
cette tache s'efface et que l'astre brille
ensuite d'un éclat plus pur.

Mais qu'une Phryné de Mabille, qu'une ignoble Aspasie, sous prétexte d'écrire ses *Mémoires*, et certaine que le mépris empêchera de lui répondre, vienne baver son déshonneur sur un poëte et le traîne impunément dans la honte où elle se vautre, non ! non ! Voilà ce que la vindicte publique doit flétrir.

Silence, prostituée ! courbe le front dans ta boue, et n'insulte pas le génie !

Quant à vous, bourgeois voltairiens, achetez ce livre abject, faites-le lire à vos femmes [1], soulignez avec satisfaction la page ignominieuse, mais n'essayez pas de le mettre sous nos yeux.

---

[1] On nous affirme qu'un libraire très-connu le donne à lire à sa nièce.

C'est à votre immoralité sourde, à votre or impudique, à vos goûts dépravés, que le siècle doit cette littérature de lupanar, commençant aux *Mémoires de Lola Montès* et finissant à ceux de *Mogador*.

On vous doit le succès du vice, le triomphe de l'impudeur.

Nous jetons aujourd'hui ce cri de colère, parce qu'on est venu nous montrer ces lignes révoltantes, croyant que nous allions en être satisfait.

Fi donc !

Si parfois nous sommes sévère, nous n'entendons encourager ni la diffamation ni l'outrage. Qu'une main impure se lève du trottoir et présente une coupe d'opprobre au personnage qui a le plus à se plaindre de notre franchise, nous cinglerons impitoyablement la main d'un coup de fouet, et nous briserons la coupe.

A bon entendeur, salut !

M. de Lamartine, dont nous allons commencer la notice biographique, et qui, sur bien des points, n'obtiendra pas nos éloges, est un de ces caractères puissants auxquels nous pouvons dire la vérité sans crainte, comme nous l'avons dite à M. Alfred de Musset, tout en les défendant, si l'occasion se présente, contre une insulte de mauvais lieu.

L'homme est toujours homme, son histoire a deux faces. Sur le plus beau tableau se projettent des ombres.

Alphonse de Lamartine est né le 21 octobre 1791, à Mâcon, place de l'Église-Nouvelle.

Son grand-père, si nous en croyons quelques biographes, avait eu l'intendance générale des biens de la famille d'Orléans, et son père était capitaine dans un régiment de chevau-légers [1].

Refusant de tendre la main aux terroristes, ce dernier quitta Paris, vers 1794, avec sa femme et ses enfants.

Il se retira dans ses terres.

A cette époque sinistre, il en fallait beaucoup moins pour être en butte aux soupçons et se voir conduire à la guillotine. Des ordres du comité de salut public

---

[1] On a prétendu que le nom de Lamartine était un pseudonyme. Cela est faux. Le capitaine de cavalerié portait le titre de chevalier de Lamartine. Seulement, en Bourgogne, pour le distinguer de ses frères, on le nommait de Prât, du nom d'une terre que l'aïeul possédait en Franche-Comté.

arrivèrent à Mâcon, et le père de Lamartine fut plongé dans un cachot.

Heureusement, quelques mois après, au 9 thermidor, la hache tomba des mains des bourreaux.

Le capitaine fut rendu à sa famille.

Craignant pour les siens plutôt que pour lui-même le retour de la tempête révolutionnaire, il résolut de mener la vie de gentilhomme campagnard, et choisit pour retraite ce vieux château de Milly, perdu dans une contrée presque sauvage, et qui a laissé pourtant à son fils de si délicieux souvenirs.

Voilà le banc rustique où s'asseyait mon père,
La salle où resonnait sa voix mâle et sévère,
Quand les pasteurs, assis sur leurs socs renversés,
Lui comptaient les sillons par chaque heure tracés,
Ou qu'encor, palpitant des scènes de sa gloire,
De l'échafaud des rois il nous disait l'histoire,

Et, plein du grand combat qu'il avait combattu,
En racontant sa vie enseignait la vertu !
Voilà la place vide où ma mère à toute heure
Au plus léger soupir sortait de sa demeure,
Et, nous faisant porter ou la laine ou le pain,
Revêtait l'indigence ou nourrissait la faim ;
Voilà les toits de chaume où sa main attentive
Versait sur la blessure ou le miel ou l'olive,
Ouvrait près du chevet des vieillards expirants
Ce livre où l'espérance est permise aux mourants,
Recueillait leurs soupirs sur leur bouche oppressée,
Faisait tourner vers Dieu leur dernière pensée,
Et, tenant par la main les plus jeunes de nous,
A la veuve, à l'enfant, qui tombaient à genoux,
Disait en essuyant les pleurs de leurs paupières :
« Je vous donne un peu d'or, rendez-leur vos prières ! »

Il est à remarquer que toutes les belles
intelligences, toutes les âmes élevées, tous
les nobles cœurs, tous les hommes d'un
génie pur, ont eu près de leur berceau une
mère chrétienne, un de ces anges de la
terre, au front calme et doux, qui ap-
prennent à croire, à aimer et à bénir.

Écoutons Lamartine lui-même donner quelques détails sur son enfance.

« Ma mère avait une Bible de Royaumont dans laquelle elle m'enseignait à lire. Cette Bible avait des gravures de sujets sacrés à toutes les pages. C'était Sara, c'étaient Tobie et son ange; c'était Joseph ou Samuel, c'étaient surtout ces belles scènes patriarcales où la nature primitive de l'Orient était mêlée à tous les actes de cette vie simple et merveilleuse des premiers hommes.

« Quand j'avais bien récité ma leçon et lu à peu près sans faute la demi-page de l'histoire sainte; ma mère découvrait la gravure, et, tenant le livre ouvert sur ses genoux, me la faisait contempler en me l'expliquant, pour ma récompense.

« Elle avait une âme aussi pieuse que tendre.

« Toutes ses pensées étaient sentiments, tous ses sentiments étaient images. Sa belle, noble et suave figure réfléchissait dans sa physionomie rayonnante tout ce qui brûlait dans son cœur, tout ce qui se peignait dans sa pensée. Le son argentin, affectueux et passionné de sa voix ajoutait à tout ce qu'elle disait un accent de force, de charme et d'amour, qui retentit encore en ce moment dans mon oreille, hélas ! après bien des années de silence !

« En rentrant de nos promenades à la campagne, ma mère nous faisait presque toujours passer devant les pauvres maisons des malades ou des indigents du village.

« Nous l'aidions dans ses visites quoti-
diennes. L'un de nous portait la charpie
et l'huile aromatique pour les blessés ;
l'autre, les bandes de linge pour les com-
presses.

« Nous étions sans cesse occupés, moi
surtout comme le plus grand, à porter au
loin, dans les maisons isolées de la monta-
gne, tantôt un peu de pain blanc pour les
femmes en couche, tantôt une bouteille
de vin vieux et des morceaux de sucre,
tantôt un peu de bouillon fortifiant pour
les vieillards épuisés.

« Elle faisait de nous les ministres de
ses aumônes, ne désirant qu'un trésor ici-
bas : les bénédictions des pauvres et la
volonté de Dieu. »

Il n'y a plus rien à raconter de l'enfance de Lamartine après ce candide et
touchant récit, dont nous ne pourrions
qu'atténuer l'effet.

Sous l'aile d'une mère aussi sainte, on
voit poindre le génie du poëte chrétien.

Il quitta, dès l'âge de huit ans, le toit
solennel et les vieux tilleuls de Milly, pour
aller commencer ses classes au collége de
Belley, dirigé par les jésuites. Il y fit des
études brillantes. A chaque fin d'année
on le voyait remporter toutes les couron-
nes, et les professeurs encourageaient ses
premiers débuts poétiques.

La muse de Lamartine essayait ses for-
ces.

Dans les pièces diverses qu'il composait

à cette époque[1], le talent se révèle déjà sous l'inexpérience.

On tint conseil à Milly pour savoir quel état on allait donner à l'aîné de la maison. Le père, vieux soldat, désirait qu'Alphonse embrassât la carrière des armes.

Mais ce n'était pas l'avis de la tendre mère.

César déployait en vain ses glorieux drapeaux et courait d'un bout de l'Europe à l'autre avec nos armées triomphantes ; elle ne se laissa point éblouir et refusa de jeter son fils au milieu des hécatombes humaines offertes à la victoire.

Elle l'envoya passer quelque temps à Lyon, au retour du collège ; puis elle ob-

[1] Voir ses *Adieux au collège de Belley*. — Tome I des *Méditations*, p. 349.

tint qu'on le laisserait aller en Italie, avec des parents qui faisaient ce voyage.

Mais le jeune homme se fatigua bientôt d'une société qui ne le laissait pas entièrement libre. Voulant se soustraire à la surveillance dont il était l'objet, il écrivit à Milly pour demander la permission de voyager seul, et se dirigea du côté de Rome sans attendre la réponse.

— Si la défense arrive, se dit-il, elle arrivera trop tard. Je serai réprimandé, mais je serai pardonné ; je reviendrai, mais j'aurai vu.

Et voilà notre collégien émancipé, notre touriste de dix-huit ans, sur les routes italiennes, alors peuplées de bandits.

Il fit la rencontre d'un premier ténor

qui allait débuter au théâtre San-Carlo, à
Naples.

Ce ténor était accompagné de son neveu, beau voyageur du même âge que
Lamartine. Les jeunes gens se prirent l'un
pour l'autre d'une amitié fort vive, causant, riant, dormant en voiture et se prê-
tant tour à tour leur épaule pour oreiller.

On arrive à Rome; ils descendent dans
la même auberge.

Le lendemain, Lamartine est réveillé
par la voix de son compagnon de route,
qui frappe à sa porte et lui crie que le dé-
jeuner est prêt.

Il s'habille, court ouvrir et jette un cri
de stupeur.

« Au lieu du neveu du ténor, il aperçoit
une charmante figure de jeune fille ro-

maine élégamment vêtue, et dont les cheveux noirs, tressés en bandeaux autour du
front, étaient rattachés derrière par deux
longues épingles d'or à têtes de perles,
comme les portent les paysannes de Ti-
voli. »

   C'était son ami, qui avait repris, en ar-
rivant à Rome, le costume de son sexe.

   — L'habit ne change pas le cœur, lui
dit en rougissant la belle Romaine ; seulement, vous ne dormirez plus sur mon
épaule.

   Ah! poëte! poëte! pourquoi n'as-tu pas
attendu la réponse de ton père?

   D'aventures en aventures, Lamartine
arriva jusqu'à Naples.

   Au moment où sa bourse était à sec, il
trouva sous les avenues de citronniers de

la Chiaja son plus cher camarade de classe, Aymon de Virieu, qui voyageait avec un crédit illimité sur toutes les maisons de banque d'Italie.

Décidément la Providence est contre les pères.

Nos deux élèves des jésuites, dans leurs promenades sur le golfe ou le long de la Mergellina, ne tardèrent pas à rencontrer de brunes Napolitaines, « dont le regard a cette teinte céleste que les yeux des femmes de l'Asie et de l'Italie empruntent au feu brûlant de leur jour de flamme et à l'azur serein de leur ciel, de leur mer et de leur nuit. »

Lamartine avait oublié depuis long-temps sa belle Romaine.

Il fut aimé à Naples d'une pauvre fille

de pêcheur que sa passion pour lui devait conduire au tombeau.

Pauvre Graziella ! morte si jeune et si belle !

Combien tu as laissé de regrets à ce fils du Nord, trop près de l'enfance pour bien comprendre ton cœur, et dont le berceau n'avait pas été chauffé comme le tien à ce soleil ardent qui fait mûrir l'amour !

Sur la plage sonore où la mer de Sorrente
Déroule ses flots bleus au pied de l'oranger,
Il est, près du sentier, sous la haie odorante,
Une pierre petite, étroite, indifférente
    Aux pieds distraits de l'étranger.

La giroflée y cache un seul nom sous ses gerbes,
Un nom que nul écho n'a jamais répété !
Quelquefois cependant le passant arrêté,
Lisant l'âge et la date en écartant les herbes,
Et sentant dans ses yeux quelques larmes courir,
Dit : « Elle avait seize ans ! c'est bientôt pour mourir ! »

Quand on lit cette émouvante histoire

de *Graziella*, écrite tout entière avec des souvenirs et des larmes, on comprend la mélancolie du jeune homme à son retour.[1]

Comme l'Enfant prodigue, il fut reçu avec des festins et des caresses.

Toute la famille avait quitté Milly pour venir habiter Mâcon.

« Ma mère, dit le poëte dans ses *Confidences*, ne pût s'empêcher de pâlir et de frissonner visiblement, en voyant combien ma longue absence et mes secrètes angoisses avaient amaigri et altéré mes traits. Mon père ne voyait que les belles formes développées de mon adolescence. Ma

_____

[1] Il était resté près de trois ans dans son voyage. Aymon de Virieu, obligé de revenir pour se marier, lui avait laissé du crédit partout, en disant : « Nous compterons en France. »

mère, d'un coup d'œil, avait vu les im-
pressions.

« Elle vint, le lendemain, s'asseoir à
mon chevet.

« — Te voilà donc revenu, mon pauvre
enfant ! dit-elle. Que tu es pâle ! que tu
parais triste ! Qui m'aurait dit qu'à vingt-
deux ans je verrais mon enfant flétri dans
la séve de son âme et de son cœur !

« Je bondis à ces mots, comme si
ma mère, en me parlant ainsi, eût manqué de respect à un souvenir que je
respectais en moi mille fois plus que je
ne me respectais moi-même.

« — Oh ! de grâce ! lui dis-je en joi-
gnant les mains et avec un accent de sup-
plication sévère, ne me parlez pas avec

ce dédain d'une douleur dont vous n'avez jamais connu l'objet. Si vous saviez ?....

« — Je ne veux rien savoir ! dit-elle en me mettant sa belle main sur les lè- vres. Que vas-tu devenir maintenant ? Comment vas-tu supporter cette existence vide, monotone, oisive, d'autant plus ex- posée aux passions coupables du cœur, qu'elle est moins remplie des devoirs et des occupations d'une carrière active ?. Notre fortune étroite a été considérable- ment rétrécie et grevée par ton éducation, par tes voyages, par tes fautes. Je n'en parle pas pour te les reprocher ; tu sais que si les larmes de mes yeux pouvaient se changer pour toi en or, je les verserais toutes dans tes mains !. »

Nous ne connaissons pas d'expression

plus touchante de dévouement et de tendresse maternelle.

En pareil cas les citations offrent au lecteur une peinture si vraie et si naïve, que nous serions coupable de les remplacer par des phrases à nous, qui n'auraient ni la même dignité ni la même candeur.

Poussé par sa vocation littéraire, Lamartine désirait habiter Paris, le centre de toutes les illustrations, le seul lieu où l'on puisse combattre et triompher.

Son père lui faisait pour son entretien et ses courses une modeste pension de douze cents francs, insuffisante pour vivre dans la capitale.

Mais l'excellente mère était là.

« Tirant du dernier de ses écrins un gros diamant monté en bague, le seul, hélas ! qui lui restât des bijoux de sa jeunesse, elle le glissa secrètement dans la main de son fils. »

— Va chercher la gloire ! lui dit-elle.

Et le jeune homme prit le chemin de Paris.

Il emportait une foule de recommandations pour la société la mieux choisie du noble faubourg, mais en même temps la plus rancunière et la plus énergiquement résolue à ne rien accepter de l'empereur.

Lamartine, comme tous les jeunes gens, se faisait volontiers une opinion d'arlequin avec des lambeaux décousus de l'opinion des autres.

A Rome, assis avec un peintre démocrate sur la colline de la villa *Pamphili*, d'où l'on aperçoit l'ancienne cité, ses dô-

mes et ses ruines, il avait rêvé la république et maudit César.

A Paris, causant avec Talma, qui lui
donnait des conseils pour le plan d'une
tragédie de *Saül*, il fut un instant bona-
partiste.

-Mais le faubourg Saint-Germain lui dé-
montra victorieusement que ses doctrines
étaient meilleures.

On conspirait, en dansant, dans les salons d'outre-Seine. Les femmes y avaient
d'aristocratiques et provoquantes allures :
Lamartine oublia la République, l'Empire,
sa tragédie de *Saül* [1] et devint légitimiste
exalté.

[1] Trois ou quatre scènes de ce premier essai dramatique ont été conservées et publiées dans les *Harmonies*.

Nous verrons là roue tourner bien souvent encore et la girouette politique obéir
à d'autres souffles.

Afin de ne plus assister à ce qu'il appelait le règne brutal du calcul, de la force,
du chiffre et du sabre, le jeune homme
quitta de nouveau la France et fit un second voyage en Italie. Nous avons entendu
soutenir qu'il y suivait à la piste et de ville
en ville une jeune comtesse mignonne et
rose, dont les coquetteries l'avaient en-
flammé.

Ce fait est complétement inexact.

Lamartine repassa les Alpes, entraîné
par sa nature rêveuse, et renonçant aux
folles distractions du monde qui lui avaient
fait un instant oublier ses souvenirs.

Il voulait aller pleurer sur la tombe de

sa douce Graziella, il voulait demander pardon à sa mémoire.

Près des lieux où il l'avait connue, sous les orangers en fleurs qui abritaient leurs amours, dans les anses solitaires où le flot les berçait ensemble, il composa une partie du premier volume des *Médi- tations*, sublimes et mélancoliques élé- gies, dictées par ses regrets et sa douleur.

De colline en colline en vain portant ma vue,
Du sud à l'aquilon, de l'aurore au couchant,
Je parcours tous les points de l'immense étendue,
Et je dis : Nulle part le bonheur ne m'attend.

Que me font ces vallons, ces palais, ces chaumières,
Vains objets dont pour moi le charme est envolé ?
Fleuves, rochers, forêts, solitudes si chères,
Un seul être vous manque, et tout est dépeuplé !

Que le tour du soleil ou commence ou s'achève,
D'un œil indifférent je le suis dans son cours ;
En un ciel sombre ou pur qu'il se couche ou se lève,
Qu'importe le soleil ? je n'attends rien des jours.

Jamais aucun poëte n'a porté plus loin que Lamartine la douceur du rhythme et la pureté des accords.

Souvent l'idée chez lui n'a pas des contours bien nets ; elle voltige dans le vague, elle se perd dans un lointain vaporeux où l'on s'efforce vainement de la suivre. Mais, si le fonds manque de solidité et de richesse, la forme est toujours éblouissante. Le lecteur s'enivre d'harmonie et se laisse bercer doucement par les cadences sonores.

Comme Victor Hugo, l'auteur des *Méditations* n'a pas cette force suprème, ce nerf résolu, cette tenaille ardente de l'hémistiche qui tient le vers sur l'enclume, le façonne et le trempe énergiquement.

Flûte mélodieuse, Lamartine charme et parfois endort.

Clairon aux notes de cuivre, Hugo réveille, électrise et sonne le boute-selle, pour enfourcher Pégase au bord de l'Hippocrène.

Lamartine est un fleuve majestueux, qui coule paisiblement entre ses rives bordées d'un éternel ombrage ; Hugo est la cataracte rugissante, le torrent écumeux qui entraîne tout à sa suite au large sein des mers.

L'un est un cygne, l'autre est un aigle.

Hugo a la puissance du génie ; Lamartine a le calme, la grâce et la beauté du talent.

Sur les bords du golfe de Naples, notre jeune poëte apprit l'envahissement de la

France par les troupes alliées et le rétablissement de la dynastie des Bourbons. Il commanda des chevaux de poste, accourut à Paris et sollicita du service, à la plus grande joie de son vieux père, toujours fidèle à Bellone, et qui traitait cavalièrement les Muses de bégueules, pensant dégoûter son fils de leur culte.

Mais nous soupçonnons Lamartine de n'être entré aux gardes du corps que pour fléchir les rigueurs de la bourse paternelle.

Aux Cent-Jours, il jeta l'épée, et ne voulut plus la reprendre quand Louis XVIII regagna les Tuileries en traversant le champ muet et désolé de Waterloo.

Lamartine avait alors un amour sérieux et profond.

Ce n'était plus ce pâle adolescent qui restait froid devant les angoisses d'une âme passionnée. Il comprenait toutes les ivresses, tous les délires; mais il était écrit que le deuil impitoyable vengerait sur les joies présentes l'ignorance dédaigneuse et l'ingratitude involontaire du passé. La mort prit Elvire entre les bras du poëte et l'emporta dans la tombe où Graziella dormait depuis cinq ans.

Un de ses bras pendait de la funèbre couche;
L'autre, languissamment replié sur son cœur,
Semblait chercher encore et presser sur sa bouche
　　　L'image du Sauveur.

Et moi, debout, saisi d'une terreur secrète,
Je n'osais m'approcher de ce reste adoré,
Comme si du trépas la majesté muette
　　　L'eût déjà consacré.

Je n'osais!... Mais le prêtre entendit mon silence,
Et, de ses doigts glacés prenant le crucifix :

« Voilà le souvenir, et voilà l'espérance;
Emportez-les, mon fils! »

Le Lamartine chrétien date de cette époque.

Après une maladie grave, causée par la perte douloureuse qu'il avait faite, il brûla toutes ses poésies profanes et conserva seulement celles qui étaient empreintes du cachet de la foi.

Ses premières *Méditations* parurent en 1820[1].

Jamais le siècle n'avait été plus à la prose. Les plats versificateurs et les sots fabricants d'idylles de l'Empire avaient donné des nausées au public.

[1] Lamartine fut deux années entières sans trouver d'éditeur. Enfin un libraire, appelé Nicolle, se décida, par grâce, à publier le manuscrit du poëte. Il fit fortune.

On croyait la poésie morte.

Quand on la vit reparaître avec sa brillante auréole, quand les sons d'une autre harpe éolienne se firent entendre, un cri d'admiration retentit d'un bout de la France à l'autre. On salua le poëte comme un nouveau rédempteur, qui, la croix en main, brisait l'idole du matérialisme et détrônait Voltaire.

Chose étrange, dont personne alors ne put se rendre compte, Lamartine profita de ce magnifique succès pour mettre le pied dans la carrière de la diplomatie.

De nos jours, il semble vraiment que les poëtes prennent à tâche de se déconsidérer aux yeux de leurs admirateurs par une persistance incompréhensible à descendre de leur trône de gloire et à se

perdre dans l'ornière politique. On a beau
leur crier gare! et les prévenir qu'il n'appartient pas au Dante de se faire disciple
de Malthus et de Machiavel, ils se montrent
sourds à toutes les représentations, mar-
chent droit au casse-cou, s'y heurtent en
vrais aveugles, font la culbute, et se re-
lèvent sans leur couronne de lauriers.

Mais n'anticipons pas sur les événe-
ments.

Il fut permis tout d'abord à Lamartine
de croire que la politique n'étoufferait pas
son génie.

En moins de deux ans, l'éditeur des
Méditations vendit ce livre à quarante-
cinq mille exemplaires. Chacun lisait avec
enthousiasme le *Lac*, la *Prière*, l'*Immor-
talité*, le *Chrétien mourant*, le *Soir*,

l'*Automne*, et vingt autres chefs-d'œuvre, parmi lesquels il ne faut pas oublier de mentionner cette magnifique *Ode à Byron*, de laquelle Châteaubriand disait :

« — Cela vaut mieux que tout mon *Génie du Christianisme.* »

Écoutons le prélude de ce combat sublime, où le poëte de la foi lutte corps à corps avec le poëte du doute et du désespoir :

La nuit est ton séjour, l'horreur est ton domaine :
L'aigle, roi des déserts, dédaigne ainsi la plaine ;
Il ne veut, comme toi, que des rocs escarpés
Que l'hiver a blanchis, que la foudre a frappés,
Des rivages couverts des débris du naufrage,
Ou des champs tout noircis des restes du carnage :
Et tandis que l'oiseau qui chante ses douleurs
Bâtit au bord des eaux son nid parmi les fleurs,
Lui des sommiets d'Athos franchit l'horrible cime,
Suspend aux flancs des monts son aire sur l'abîme,
Et là, seul, entouré de membres palpitants,
De rochers d'un sang noir sans cesse dégouttants,

Trouvant sa volupté dans les cris de sa proie,
Bercé par la tempête, il s'endort dans sa joie.

Et toi, Byron, semblable à ce brigand des airs,
Les cris du désespoir sont tes plus doux concerts.
Le mal est ton spectacle, et l'homme est ta victime.
Ton œil, comme Satan, a mesuré l'abîme,
Et ton âme, y plongeant loin du jour et de Dieu,
A dit à l'espérance un éternel adieu !

Ce premier volume de poésie n'avait pas été signé, et pourtant toute l'Europe connut le nom de Lamartine.

Avec le succès le ciel lui accorda le bonheur.

Une autre Elvire, une blonde et gracieuse fille d'Albion, qu'il avait déjà rencontrée aux eaux d'Aix, lui apparut de nouveau sous le ciel de Florence.

Le poëte venait d'être envoyé en Toscane comme attaché d'ambassade.

Deux mois après, il épousait la charmante Anglaise. Éprise de la gloire de Lamartine, elle lui donna son cœur et une dot splendide.

En 1823 parut le second volume des *Méditations* [1]. Il eut tout le retentissement du premier. On trouva seulement que le royalisme du poëte aurait dû se montrer plus généreux et ne pas récriminer sur la tombe du martyr de Sainte-Hélène.

L'*Ode à Bonaparte* et le *Chant du Sacre* décidèrent le gouvernement à offrir la croix à M. de Lamartine.

A cette époque, un de ses oncles mou-

[1] Ce volume contient, comme pièces éminemment remarquables : *Sapho*, le *Poëte mourant*, l'*Esprit de Dieu*, *Bonaparte*, les *Étoiles*, une *Nuit à Rome*, le *Crucifix* et le *Dernier chant du pèlerinage d'Harold*.

rut et l'institua son légataire universel.

Il eut, dès lors, une fortune considérable, dont il dépensa les revenus en prince, soit à Londres, soit à Naples, où il fut envoyé successivement comme secrétaire d'ambassade. Bientôt il obtint de monter un échelon de plus, et retourna en Toscane avec le titre de chargé d'affaires.

Ici nous nous arrêterons pour étudier un peu notre personnage.

Le moment est venu de tracer sa silhouette, au physique comme au moral.

M. de Lamartine est beau ; son front a un cachet de noblesse inouïe. Dans son regard on remarque tout à la fois de la dignité, de la douceur et de l'orgueil.

Gâté par les cajoleries du monde, il pose continuellement comme posait

Louis XIV, mais sans être aussi roide
dans ses allures; il sait joindre une grâce
exquise à son grand air. Pensant qu'on
l'admire sans cesse, il se rengorge avec
la plus parfaite conviction de son mérite
et une bonne foi merveilleuse.

Un soir qu'il avait daigné lire quelques
strophes dans un cercle, la maîtresse de
la maison dit à une de ses amies :

— Tu viens de voir et d'entendre l'illustre poëte. L'as-tu bien examiné?

— Oui.

— Comment le trouves-tu?

— Je trouve qu'il ressemble à un paon.

— Qu'oses-tu dire ?

— Ma chère, le paon est un oiseau qui

a de fort vilains pieds [1], qui chante mal et qui fait la roue : M. de Lamartine chante bien, voilà toute la différence.

Tout le monde ne juge pas avec autant de sévérité notre poëte. Nous avons entendu quelqu'un lui dire un jour : « Vous étiez né pour être roi. »

Effectivement, son imperturbable majesté, son amour de la représentation, son

[1] L'auteur des *Harmonies* a des pieds dans le genre de ceux de M. Dupin, et il se chausse aussi mal que lui. Ayant commandé son portrait à Couture, il le lui laissa pour compte, après avoir vu ses souliers trop exactement rendus sur la toile. Mieux inspiré que le peintre, Adam Salomon, sculpteur juif, auteur du médaillon de Charlotte Corday, a fait une statuette de Lamartine avec des pieds imperceptibles : aussi l'original daigne-t-il quelquefois venir poser dans son atelier. Ces jours-là, vingt personnes entrent, par le plus grand des hasards, et Salomon leur présente son illustre ami Lamartine.

goût pour la flatterie, sa manière large et
généreuse de jeter l'or par la fenêtre, son
courage que rien n'étonne, et surtout le
sourire triomphant avec lequel il accueille
les dames, en eussent fait un monarque
accompli.

Un de nos plus spirituels feuilletonistes
a dit de Lamartine :

« C'est un sultan qui n'a point de
mouchoir. »

Il paraît que le mot ne manque pas
d'une certaine justesse. Avec de grandes
prétentions à régner sur les cœurs, et tout
en se vantant de recevoir des lettres de
femmes des quatre parties du monde, le
poëte n'abuse jamais de ses conquêtes ; il
craint le tête-à-tête, sans doute au point

de vue de sa dignité, qu'il veut conserver toujours [1].

Quand un sentiment d'admiration perce dans la contenance de ceux qui lui sont présentés, il conçoit pour eux une haute estime, et le contraire a lieu quand on s'avise de ne pas tomber des nues à son aspect.

— Recommanderez-vous au ministre le jeune homme qui vous a donné hier une lettre de ma part? lui demandait un de ses intimes.

— Non, vraiment, répondit l'auteur des *Méditations*; c'est un garçon sans

[1] De méchantes langues vont plus loin : « C'est, disent-elles, un autre Platon qui fait de l'esprit avec Aspasie, mais qui ne peuple pas la république. »

avenir : il n'a pas été ému en ma présence.

Très-friand de popularité, Lamartine
ouvre ses salons au premier venu. Quand
il sort en équipage, il offre ses chevaux et
sa voiture à des gens qu'il connaît à peine,
et continue sa route à pied, le tout pour
se faire des admirateurs et des amis.

Dans le cours de son existence littéraire, il a reçu plus de quatre-vingt mille
lettres de félicitations, auxquelles il se
gardait bien de ne pas répondre. Tous les
élèves de seconde et de rhétorique lui ont
envoyé des vers. Chacun d'eux peut montrer un autographe analogue à celui-ci :

« Monsieur,

« Vous êtes plus poëte que moi. Tra-

« vaillez avec courage; cultivez votre beau talent, et comptez sur la gloire.

« LAMARTINE. »

Avide de louanges, il les accepte comme on les lui donne et les rend avec usure [1]. On peut lui brûler intrépidement sous le nez tous les parfums de l'Arabie, sans qu'il se plaigne d'avoir mal au cerveau.

Mais, en laissant de côté ces petits ridicules, fort pardonnables après tout, on remarque chez notre poëte les qualités les plus précieuses; il est doué des plus riches dons du cœur. Jamais un malheureux n'a frappé à sa porte sans être secouru,

[1] Il a poussé l'abus de cette réciprocité de l'éloge jusqu'à comparer à *Horace* M. Adolphe Dumas, qui lui avait adressé une épître en vers.

Tous ses honoraires, comme membre du
gouvernement provisoire, ont été distri-
bués aux écrivains pauvres, sans demande
de leur part, et avec des lettres charmantes qui doublaient le prix du bienfait.

Lamartine est une de ces belles natures
chevaleresques des anciens jours, deve-
nues si rares à notre époque.

Souvent, dans ses excursions lointaines,
il a vu la mort en face sans pâlir, et plus
d'une fois il a joué sa vie avec tout le
calme du vrai courage.

Un matin, à Florence, la porte de son
cabinet de travail s'ouvre avec fracas.

— Qui ose entrer ainsi chez moi ? dit
le poëte, quittant son siége et regardant
avec surprise un militaire de haut grade,

qui s'approche l'œil menaçant et un livre
à la main.

— Vous êtes M. de Lamartine ? demande ce visiteur inattendu.

— Oui, monsieur.

— Vous avez écrit le *Dernier chant du
pèlerinage d'Harold?*

— J'en conviens, répondit le poëte. Dai-
gnez, je vous prie, m'expliquer le motif....

— Qui m'amène chez vous? Il me semble que ce livre vous l'indique suffisam-
ment. Je suis le colonel Pepé, frère du
général de ce nom. L'Italie est ma terre
natale; or vous avez insulté l'Italie.

— Mais, monsieur....

— Peut-être ne vous souvenez-vous plus
du passage? il faut aider votre mémoire.

Ouvrant alors son volume, le colonel lut à haute voix :

« Terre où les fils n'ont plus le sang de leurs aïeux,
Où sous un sol vieilli les hommes naissent vieux... »

— Apprenez que je suis jeune et que j'ai du sang chaud dans les veines ! dit avec fougue le lecteur en s'interrompant. Mais permettez, j'achève :

« Où sur les fronts voilés plane un nuage sombre,
Où le fer avili ne frappe que dans l'ombre... »

Corbleu ! mon épée vous prouvera le contraire, et nous allons nous battre à l'instant même, au grand jour ; si vous n'effacez pas de votre œuvre ces vers ignominieux.

— Pardon ! dit Lamartine avec calme :

je cède quelquefois à une prière ; à une menace, jamais..

— Fort bien ! Voilà de la poésie qui vous mènera loin. Mais écoutez, ce n'est pas tout :

« Adieu ! pleure ta chute en vantant tes héros !
Sur des bords où la gloire a ranimé leurs os,
Je vais chercher ailleurs (pardonne, ombre romaine !)
Des hommes, et non pas de la poussière humaine... »

Sangue di Cristo ! vous allez m'enlever cette poussière-là ; monsieur !

— Non, dit le poëte. Vous essayez d'employer avec moi l'intimidation, vous tombez mal. Je ne ferai point de ratures à mon œuvre. Du reste, je suis à vos ordres.

—Partons ! cria le colonel.

—Volontiers, dit Lamartine.

Ils se battirent au fond du jardin même de l'ambassade, et l'auteur du *Pèlerinage d'Harold* reçut une grave blessure.

Six semaines durant, il fut entre la vie et la mort.

Tout Florence blâma le brutal patriote qui avait failli tuer le plus aimable des poëtes pour une antithèse. On alla s'inscrire chez Lamartine, on prenait d'heure en heure le bulletin de sa santé, le jour de sa guérison fut un jour d'allégresse.

– Les dames italiennes aiment les fêtes et le plaisir : elles eussent regretté vivement les soirées quasi-royales du chargé d'affaires de France.

Au milieu de ses travaux diplomatiques, Lamartine continuait de se livrer à la poésie. Son talent grandissait, bercé par d'u-

niversels éloges. De retour à Paris, il pu-
blia, au mois de mai 1829, les *Harmonies
poétiques et religieuses*, livre sublime
qui le fit entrer à l'Académie en triom-
phateur [1].

Nous ne citerons pas la quantité de
chefs-d'œuvre que les *Harmonies* con-
tiennent. Les vers du poëte spiritualiste
sont dans toutes les mémoires ; ils renfer-
ment des consolations et de pieux ac-
cents pour tous les âges.

> O Père qu'adore mon père !
> Toi qu'on ne nomme qu'à genoux ;
> Toi dont le nom terrible et doux
> Fait courber le front de ma mère ;
>
> On dit que ce brillant soleil
> N'est qu'un jouet de ta puissance ;
> Que sous tes pieds il se balance
> Comme une lampe de vermeil.

[1] 1830.

On dit que c'est toi qui fais naître
Les petits oiseaux dans les champs,
Et qui donne aux petits enfants
Une âme aussi pour te connaître.

. . . .

Mon Dieu, donne l'onde aux fontaines,
Donne la plume aux passereaux,
Et la laine aux petits agneaux,
Et l'ombre et la rosée aux plaines.

Donne au malade la santé,
Au mendiant le pain qu'il pleure,
A l'orphelin une demeure,
Au prisonnier la liberté.

Donne une famille nombreuse
Au père qui craint le Seigneur;
Donne à moi sagesse et bonheur,
Pour que ma mère soit heureuse !

On parlait d'envoyer, à cette époque,
un ministre plénipotentiaire en Grèce. Le
gouvernement se décidait à confier à La-

martine ces hautes fonctions, lorsque tout
à coup la Révolution de juillet éclata.

Notre poëte fut terrassé.

La vieille couronne de Charlemagne et
de saint Louis tombait encore une fois
dans les ruisseaux fangeux de l'émeute ; le
peuple la ramassait pour l'offrir à Louis-
Philippe, qui la prit telle quelle, et ne
l'essuya pas.

Au lieu de partir pour la Grèce, Lamartine alla bouder sous les ombrages de
Saint-Point, noble manoir féodal qu'il devait à l'héritage de son oncle.

Mais bientôt il se fatigua de sa retraite.
La gloire des lettres était loin de lui suf-
fire. N'être pour son pays qu'un grand
poëte, c'est triste !

Les succès de M. Guizot empêchaient Lamartine de dormir.

Écoutons ce qu'il écrivait alors :

« Le passé n'est plus qu'un rêve ; il ne faut pas le pleurer inutilement, il ne faut pas prendre sa part d'une faute que l'on n'a point commise ; il faut rentrer dans les rangs des citoyens, penser, parler, agir, combattre avec la famille des familles, avec le pays ! »

Impossible de faire une avance plus directe au nouveau pouvoir.

Mais les électeurs de Toulon et de Dunkerque s'obstinèrent à ne point comprendre tout l'à-propos de ce revirement. Ils eurent l'indélicatesse de refuser leurs votes à M. de Lamartine, bien qu'il les eût demandés avec beaucoup de grâce.

La *Némésis*, rédigée par Méry et Barthélemy, fouetta rudement le poëte.

Celui-ci, pour répondre, se plaça, comme un aigle outragé, au plus haut sommet d'un nuage, oubliant qu'il se trouvait à terre, près d'une urne électorale, quand il avait reçu des coups de verge.

Humilié de ne pas entrer à la Chambre, M. de Lamartine résolut de priver son ingrate patrie de sa présence.

Il s'embarqua bientôt à Marseille avec sa femme et sa fille Julia, monté sur un navire qui lui appartenait et dont l'équipage était à ses ordres.

Si la politique perdit à ce départ, les lettres y gagnèrent un beau livre [1]..

Lamartine, comme on dit vulgairement, faisait contre fortune bon cœur, et sacrifiait provisoirement à sa muse toutes ses prétentions parlementaires.

« Je brûlais, dit-il, du désir d'aller visiter ces montagnes où Dieu descendait ; ces déserts où les anges venaient montrer à Agar la source cachée pour ranimer son pauvre enfant banni et mourant de soif ; ces fleuves qui sortaient du paradis terrestre ; ce ciel où l'on voyait descendre et monter les anges sur l'échelle de Jacob. Je rêvais un voyage en Orient comme un grand acte de ma vie intérieure ; je con-

[1] *Le Voyage en Orient.*

struisais éternellement dans ma pensée une vaste épopée dont ces beaux lieux seraient la scène principale. Il me semblait que les doutes de l'esprit, que les perplexités religieuses, devaient trouver là leur solution et leur apaisement. »

A la bonne heure !

Nous retrouvons notre poëte tel que nous aimons à le voir, tel qu'il aurait dû rester toujours, s'il eût été conséquent avec lui-même.

Aimer, prier, chanter, voilà toute ma vie!

Hélas! le démon jaloux de la tribune devait couper les ailes au cygne harmonieux!

Lamartine, au point où nous en sommes, est à l'apogée de sa gloire.

...Maintenant il va redescendre et s'égarer dans un labyrinthe. Le *Voyage en Orient* et *Jocelyn* sont les derniers jalons de sa route poétique. Nous le verrons perdre de vue son étoile. Sa première chute sera la *Chute d'un ange*, et les *Recueillements* [1] ne doivent plus être qu'un faible écho des *Méditations* et des *Harmonies*.

Ne croyez pas qu'en Orient il s'occupa

[1] « Une révolution, dit Sainte-Beuve, s'opère ici chez M. de Lamartine. Il veut prendre dans son rhythme le trot de Victor Hugo, ce qui ne lui va pas. M. Hugo rachète ses duretés de détail par des beautés qui, jusqu'à un certain point, les supportent et s'en accommodent. Le vers de M. de Lamartine était comme un beau flot du golfe de Baïa : il le brise, il le saccade, il le fait trotter aujourd'hui comme le cheval bardé d'un baron du moyen âge. » Dans les *Recueillements*, le même critique signale une pièce de vers dont le titre de mauvais goût : *A une jeune Fille qui me demandait de mes cheveux*, rappelle assez disgracieusement pour le poëte un vaudeville burlesque du théâtre du Palais-Royal.

de ce vaste poëme dont il nous a solennel-
lement parlé tout à l'heure.

D'Athènes et de Jérusalem il entretenait
avec les électeurs de Dunkerque une correspondance active. Il rêvait le palais
Bourbon sur la rive du Jourdain, et le
portefeuille des affaires étrangères sous les
murs de Jéricho.

Son plus grand désespoir était de penser que la France avait des illustrations
politiques, et que lui Lamartine n'était pas
au nombre de ces illustrations.

Dans ce *Voyage d'Orient*, raconté par
lui-même, nous signalons un curieux épi-
sode.

C'est la visite du poëte à lady Esther
Stanhope, nièce de William Pitt, sorte de
folle illuminée, riche à millions, qui, après

avoir passé la plus grande partie de sa
jeunesse à courir d'un bout du continent à
l'autre, avait fini par aller vagabonder en
Syrie, où l'on affirme que les tribus ara-
bes, émerveillées de sa magnificence, la
proclamèrent, un beau jour, reine de Palmyre.

Notre voyageur la trouva dans une espèce
de château fort, aux gigantesques rem-
parts, qu'elle avait fait construire au milieu des solitudes du Liban.

Lady Stanhope ne croyait pas au Christ,
mais elle croyait à l'astrologie.

— Vous êtes né, dit-elle à Lamartine, sous l'influence de trois étoiles heu-
reuses, puissantes et bonnes, qui vous ont
doué de qualités analogues. C'est Dieu qui
vous amène ici pour éclairer votre âme.

Vous êtes un de ces hommes de désir et de volonté dont il a besoin comme d'instruments pour les œuvres merveilleuses qu'il doit accomplir. Bientôt vous retournerez en Europe. L'Europe est finie ; la France seule a une grande mission, vous y participerez.

Avec les idées qui germaient déjà dans le cerveau du poëte, il en fallait beaucoup moins pour l'emporter sur les hauteurs les plus étourdissantes de l'ambition.

Il quitta l'Anglaise astrologue, parfaitement convaincu qu'il était un homme providentiel et que les destins de la France devenaient inséparables de ses propres destins.

Hélas! la reine de Palmyre, la sorcière des Druzes, n'avait pas lu dans les étoiles que Julia, cette fille bien-aimée du poëte, son unique enfant, sa fierté, sa joie, son amour, était attaquée d'une maladie mortelle, au moment même où il s'enivrait de si magnifiques prédictions !

Il l'avait laissée à Béyrouth, sous la garde de sa mère, et il la retrouva agonisante en revenant de Syrie.

. . . .

Des sanglots étouffés sortaient de ma demeure ;
L'amour seul suspendait pour moi sa dernière heure :
   Elle m'attendait pour mourir !

C'était le seul débris de ma longue tempête,
  Seul fruit de tant de fleurs, seul vestige d'amour,
  Une larme au départ, un baiser au retour,
  Pour mes foyers errants une éternelle fête ;
  C'était sur ma fenêtre un rayon de soleil,
  Un oiseau gazouillant qui buvait sur ma bouche,
  Un souffle harmonieux la nuit près de ma couche,
    Une caresse à mon réveil.

  C'était plus : de ma mère, hélas ! c'était l'image ;
  Son regard par ses yeux semblait me revenir ;

Par elle mon passé renaissait avenir,
Mon bonheur n'avait fait que changer de visage;
Sa voix était l'écho de six ans de bonheur,
Son pas dans la maison remplissait l'air de charmes,
Son regard dans mes yeux faisait monter les larmes,
Son sourire éclairait mon cœur.

Marseille, qui avait vu partir Julia pleine de santé, de force et de jeunesse, la vit revenir couchée dans un cercueil.

Pendant l'absence de Lamartine, le collége électoral de Dunkerque, travaillé par de chaleureux amis, s'était enfin décidé à confier au poëte un mandat législatif.

Ici devrait se terminer notre tâche.

Rien n'est plus affligeant et plus pénible, pour les hommes restés fidèles à la religion de l'art, que la nécessité où ils se trouvent parfois, grâce aux folies et aux variations humaines, de descendre une idole de son piédestal et de lui refuser l'encens qu'ils avaient brûlé devant son autel.

On eut beau dire à M. de Lamartine : « Restez poëte ! » il haussa les épaules et répondit :

« — Vous n'y songez pas. La poésie n'a été pour moi que ce qu'est la prière, le plus court des actes de la pensée, et celui qui dérobe le moins de temps au travail. Je n'ai fait des vers que comme vous chantez en marchant, quand vous êtes seul dans les routes solitaires des bois. Cela marque le pas et donne la cadence aux mouvements du cœur et de la vie. Voilà tout. »

O poëte ! poëte ! est-ce bien toi qui tiens ce langage ?

Ainsi donc, cet enthousiasme que tu as jeté dans nos cœurs, ces inspirations sublimes avec lesquelles tu échauffais nos âmes, ces chants merveilleux que nous écoutions comme un écho du ciel, tout cela tu le dédaignes, tu le foules aux pieds, tu ris de notre admiration naïve ! La poésie pour toi n'était pas un sacerdoce, un culte ; c'était un passe-temps, une distraction, une manière d'occuper tes loisirs ; elle te marquait le pas, elle te donnait la cadence pour mieux avancer sur la route politique ?

Profanation !

Le jour où tu as traité la Muse avec cette légèreté coupable, elle s'est envolée pour ne plus revenir.

Tu as souffleté sur les deux joues cette

noble fille du Pinde, tu l'as chassée hon-
teusement, et tu as mis à sa place une
Gorgone échevelée, qui t'a pris, pauvre
cygne, entre ses mains sèches, et a pour
jamais tordu le cou à ton génie.

— Sans doute (nous le disons bien haut),
tu restes un prosateur de mérite, un honnête homme, un citoyen recommandable,
un patriote consciencieux, même dans tes
plus grands écarts ; mais tu n'es plus un
poëte.

Le Lamartine que nous applaudissions
dans notre jeunesse, le chantre d'Elvire,
le noble talent dont nous avons salué les
triomphes n'existe plus.

C'est d'un autre Lamartine que nous
allons achever l'histoire.

A la place du poëte sublime, on trouvera l'orateur nuageux, le déclamateur sonore et vide, l'homme de parti sans horizon, sans boussole, entraîné par toutes les vagues, se heurtant à tous les écueils.

A la place du chrétien, nous verrons le philosophe inquiet, irrésolu, frappant à la porte de tous les systèmes, partageant tous les doutes, entrant aujourd'hui dans les idées de l'un, demain dans celles de l'autre, tâtonnant, pataugeant, ne voyant plus clair, et n'ayant pas le courage de remonter cette échelle radieuse d'où il est volontairement descendu.

A quelle cause devons-nous attribuer la décadence d'un esprit si noble et si élevé?

Comme tous les anges de lumière, Lamartine s'est perdu par l'orgueil.

Voyant resplendir à côté de lui ces mé-
téores qui traversent les révolutions, il
s'est mis à ambitionner leur éclat trom-
peur ; il a voulu se précipiter à leur suite,
et n'a pas compris qu'il allait droit aux
ténèbres.

Comme l'enfant auquel on montre un
feu follet dansant au-dessus des roseaux,
il s'est hâté de courir après la flamme fu-
gitive et s'est embourbé dans le marécage.

Le député de Dunkerque n'eut d'abord
aucun succès à la Chambre.

Quand on a contracté l'habitude de voyager dans les nues et de fréquenter les anges, on est fort mal à l'aise ici-bas avec les
hommes. Ils vous appellent rêveur, ils se
moquent de vos paroles creuses, ils vous

traitent de cymbale retentissante, de sé-
raphin parlementaire, et vous renvoient au
troisième ciel.

M. de Lamartine jura qu'il n'y retour-
nerait plus.

Les cieux, pensait-il, sont probable-
ment fort bien organisés ; mon devoir est
d'organiser la terre. Je veux y ramener
les joies de l'Éden.

Et le voilà remuant tous les systèmes,
caressant toutes les théories, fouillant dans
toutes les doctrines.

Il se compose un bagage bizarre, une
opinon bariolée. Tour à tour il devient hu-
manitaire avec l'auteur des *Paroles d'un
Croyant,* et industrialisté avec Saint-Si-
mon ; il se rapproche même de l'école so-

ciétaire, étudie les *groupes*, les *attrac-tions*, les *phalanges*, tout cela de la meilleure foi du monde, avec une con-fiance et une vanité d'enfant, persuadé que lady Stanhope a lu son avenir au grand livre des astres et que Dieu le des-tine à opérer dans les sociétés modernes une réforme éclatante.

Sa renommée, sa haute position de for-tune, le rendent propre à devenir chef de parti.

Bientôt le radicalisme le range sous sa bannière. On lui prodigue la flatterie, on excite toutes les fibres de son amour-propre.

Ses nouveaux amis sont pauvres, il faut les abriter de son opulent manteau ; mais à force d'en donner une part à chacun, il n'en reste plus pour lui.

Notre Saint-Martin politique se trouve dépouillé.

Lors de ses ambassades, M. de Lamartine dépensait déjà beaucoup plus que ses revenus ; le voyage en Orient lui avait coûté près d'un demi-million. Ne retranchant rien à sa magnificence, il voyait sa fortune décroître rapidement, et la vente de ses livres était loin de combler le déficit.

Sous sa noble main, creuset où se fondait l'or, des mains étrangères s'ouvraient sans cesse.

Lamartine donnait, donnait toujours.

Quand sa bourse était vide, il empruntait.

« Je meurs de faim, » lui écrivit laconiquement un personnage très-connu.

Lamartine répondit aussitôt :

« J'ai cinq cents francs, les voici : pardonnez-moi de faire si peu. Tout à vous de cœur. »

— Ah ! si j'étais riche, mais véritablement riche, seulement pour un jour ! s'écriait Lassailly, ce bohème du bon Dieu, qui vivait au hasard et sans toit, comme les oiseaux des champs.

— Riche? lui demanda Lamartine, combien vous faut-il pour l'être?

— Cinq louis.

Il lui en donna cinquante.

Aussitôt notre bohème d'acheter souliers vernis, chapeau lustré, gants beurre frais, manchettes fines, et point de chemise. Il déjeune au café de Paris, dîne chez Véfour, fume les plus délicieux cigares et se permet, pendant toute une semaine, une existence parfumée de joie et d'amour.

Arsène Houssaye, qui était au courant de l'anecdote, le vit passer dans une calèche à deux chevaux, et s'écria :

— Voilà les mille francs de Lamartine qui sont bien heureux !

Ces générosités folles et imprévoyantes réduisirent plus d'une fois notre poëte aux expédients. Son coffre une fois à sec, il était obligé de puiser dans celui des libraires, et ceux-ci l'ont cru souvent un homme avide.

Mon Dieu, non ! c'était un écrivain ruiné [1].

Quant à cette fameuse histoire de lettres, commencée en Angleterre et terminée aux Tuileries, nous ignorons jusqu'à quel point les détails en sont authentiques.

— Si l'on ne fait pas droit à ma requête, aurait dit M. de Lamartine, je publie les *Girondins*.

[1] Son éditeur dit à qui veut l'entendre : « Quand je publie un livre de Lamartine, le public seul y gagne ; moi, j'y perds toujours. Il sait si bien me parler de ses chevaux, de ses serviteurs et de ses pauvres, qu'il me tire le double de ce que je voulais lui donner. »

Or la royauté de Juillet n'était pas pré-
teuse.

Elle avait, chacun le sait, une grande
famille. Cette année-là précisément les
récoltes avaient manqué par toute la
France, le blé était cher. Avant de songer aux autres il faut songer à ses proches.

Louis-Philippe fit la sourde oreille, et
les *Girondins* parurent.

Au point de vue littéraire, ce livre a un
grand mérite peut-être ; mais, au point
de vue de l'humanité, c'est une mauvaise
action.

Si quelqu'un devait essayer de réhabi-
liter les hommes de la Terreur, ce quelqu'un-là ne devait pas être M. de Lamartine.

Jamais son encre, pas plus que celle de M. Thiers, n'effacera les taches de sang.

Pour avoir été trop économe, Louis-Philippe ne tarda à voir la République passer sournoisement la tête sous son trône. Il jeta des cris d'épouvante et appela M. Guizot ; mais il était trop tard.

Ni le ministre ni le roi n'avaient éventé cette mine souterraine.

La culbute eut lieu.

M. de Lamartine se trouva tout naturellement porté sur le pavois.

A force de prononcer des discours à la Chambre, il avait fini par acquérir beaucoup des qualités de l'orateur. Sa belle tête fièrement relevée, son geste digne et sobre, donnaient à son débit quelque chose de

solennel et d'irrésistible. On finissait par
oublier son défaut de logique, ses argu-
mentations incohérentes, et l'on se laissait
entraîner au charme de cette phrase
mélodieuse, qui murmurait en prose des
réminiscences de poëte.

Quand les collègues de Lamartine le
voyaient se diriger vers la tribune, ils se
disaient tout bas :

— Bon ! nous allons avoir de la musique !

Toute l'histoire du rôle que joua notre
héros en 1848 est contenue dans ce mot.

Il avait travaillé quinze ans pour changer
sa lyre contre un bâton de législateur, et,
au bout du compte, c'était toujours la lyre
qui lui restait entre les mains.

Dieu le permit ainsi, peut-être, pour sauver la France.

Quand les hordes populaires envahissaient les salons de l'Hôtel de Ville, furieuses, échevelées, rugissantes, Lamartine se montrait avec son œil majestueux, son front paisible.

Il ouvrait la bouche, tout se calmait.

— Nous allons avoir de la musique ! disait le peuple.

Absolument comme les députés à la Chambre.

Le jour du drapeau rouge, néanmoins, ce ne fut pas la lyre qui résonna seule ; il fallut que Lamartine fît appel aux plus énergiques élans de son courage.

En face du lion révolutionnaire qui préparait ses griffes et voulait boire du sang, l'orateur ne donna pas un signe de crainte ou de faiblesse. Il étendit sa main puissante, mata le monstre et le força de ramper à ses genoux [1].

Voyant qu'il s'était, jusqu'à ce jour, ligué avec des incendiaires, M. de Lamartine se faisait pompier.

Un moment il put se croire l'arbitre des destinées de l'Europe ; la sorcière des Druzes faillit avoir raison.

Mais, pour organiser, il faut quelque chose de plus que de l'éloquence et du courage.

Lamartine garda son rôle d'Orphée poli-

[1] On connaît la phrase historique : « Citoyens, le drapeau rouge, que vous nous apportez, n'a jamais fait que le tour du Champ de Mars, traîné dans le sang du peuple, et le drapeau tricolore a fait le tour du monde avec le nom, la gloire et la liberté de la patrie ! »

tique, et n'en put remplir un autre. Ses collègues le chargeaient de recevoir toutes les députations, de prononcer tous les discours.

Un matin, on annonce que les délégués du *Grand Orient* [1] approchent de l'Hôtel de Ville, au nombre de plus de deux cents hommes.

Pour recevoir cette multitude, il y avait là quatre membres du gouvernement provisoire, Lamartine, Ledru-Rollin, Armand Marrast et Crémieux.

— Ah! ma foi, dit l'auteur de *Jocelyn*, ceci ne me regarde plus. Je ne saurais, en vérité, quoi leur dire. De ma vie je n'ai été franc-maçon.

[1] Loge centrale des francs-maçons.

— Ni moi ! fit Ledru-Rollin.

— Ni moi ! se hâta d'ajouter Marrast..

— J'avoue, dit Crémieux, que je fais partie de l'ordre ; mais j'ai la gorge prise par un rhume abominable. Impossible de prononcer un mot. Je me sauve !

— Et moi aussi ! dirent ensemble les deux autres.

Ils laissèrent Lamartine, qui ne pouvait plus s'esquiver : la députation entrait.

Notre malheureux provisoire ne savait comment sortir d'embarras ; il contemplait tous ces hommes d'un œil effaré, cherchant une phrase dans sa cervelle, et ne trouvant rien.

Tout à coup ses yeux rencontrent la bannière de la députation.

Il respire, son discours est là.

— Soyez les bienvenus, citoyens! s'écrie-t-il. J'aperçois votre noble drapeau, et je vous reconnais pour frères. La devise qu'il porte est la devise de la France, c'est la mienne, c'est la nôtre à tous : *Liberté, égalité, fraternité !* Je suis franc-maçon ! j'ai toujours été franc-maçon ! je serai franc-maçon jusqu'à la mort !...

Pendant trois quarts d'heure il broda des périodes sur ce thème au milieu d'applaudissements frénétiques.

Et voilà ce qu'on appelle l'éloquence.

Un autre jour, ses collègues le prirent

dans un guet-apens semblable, mais dont il sortit avec moins de bonheur. Il s'agissait de remercier les piqueuses de bottines et les cardeuses de matelas, qui venaient apporter leur offrande à la patrie.

Lamartine regarda cette troupe enjuponnée : pas un visage présentable.

C'était la députation de la laideur.

Il ne pouvait parler ni de charmes, ni de beaux yeux, ni de blanches mains. De quoi parla-t-il ? Jamais il n'a pu se le rappeler lui-même. Sa harangue faite, il suait à grosses gouttes.

O l'ambition ! ô l'amour du pouvoir ! ô la tarentule politique !

Ils en ont tous été mordus.

Rentré dans ses magnifiques salons de la rue de l'Université, Lamartine se consolait des ennuis de l'Hôtel de Ville en recevant les hommages de ses flatteurs.

Ce fut là qu'une des plus jolies femmes de Paris voulut, un soir, baiser son illustre main, et s'écria :

— Franklin disait à Voltaire *Dieu et Liberté* ; moi, je dis *Dieu et Lamartine !* »

Et le cercle d'applaudir.

Un autre soir, un courtisan moins adroit insinua au maître de la maison que, selon toute évidence, il allait être nommé président de la république.

— Vous êtes dans l'erreur, répondit froidement Lamartine. Le titre dont vous parlez appartient à Victor Hugo. Moi, je serai président de la république universelle.

Quarante personnes ont entendu cette réponse.

Niez donc à présent les morsures de la tarentule.

Hélas ! le rêve a été court, et le réveil bien triste ! Les oiseaux de la prospérité s'envolent quand le malheur se montre [1].

[1] Le chef du gouvernement provisoire n'a pas revu, depuis sa chute, un seul de ses flatteurs. Personne ne l'a consolé, personne ne lui a tendu la main. Pendant un mois, on put remarquer, chez un brocanteur de la rue de la Madeleine, un portrait de Lamartine, peint par Lawrence. Ce fut un homme de lettres qui l'acheta, fatigué de voir l'ingratitude bourgeoise le laisser exposé à la honte du bric-à-brac.

Aujourd'hui Lamartine n'a plus son hôtel, sa cour est dispersée.

Près de lui la ruine est venue s'asseoir.

Toujours courageux, il la chasse par le travail ; mais elle revient sans cesse avec le noir cortége des huissiers et lui montre un gouffre, où il jette volume sur volume, sac d'or sur sac d'or, sans pouvoir le combler. Les innombrables livraisons du *Conseiller du Peuple*, l'*Histoire de la Restauration*, *Raphaël*, *Geneviève*, *Toussaint - Louverture*, les *Constituants*[1],

[1] M. de Lamartine écrit l'histoire aussi vite que s'il l'inventait. Il sait presque tout sans avoir jamais rien appris, et ce qu'il ne sait pas, il le devine. « C'est un ignorant, dit Sainte-Beuve, qui ne sait que son âme. » Sa facilité de travail est prodigieuse. Un directeur de

vingt ouvrages sont engloutis, et l'écrivain travaille toujours.

Il travaille, à soixante-quatre ans, quand il devrait se reposer dans sa gloire.

Il travaille pour empêcher des créanciers avides de lui arracher, pièce de terre par pièce de terre, muraille par muraille, ombrage par ombrage, ce vieux manoir de Saint-Point, où dorment ses aïeux, et qu'il conserve religieusement, à tout prix, malgré le timbre et les hypothèques.

Tous les ans il y passe l'automne avec madame de Lamartine, l'ange de son foyer, la consolation de sou déclin [1].

journal vint lui demander un extrait des *Girondins*. L'auteur n'avait rien de prêt : il écrivit trois colonnes en une demi-heure, tout en causant avec le personnage qui lui rendait visite.

[1] « Au château de Saint-Point, dit M. Arsène Hous-

Elle a toujours été aussi bonne, aussi généreuse, aussi grande que lui.

Dargaud, leur ami fidèle, impatienté de la voir éternellement complice de la dépense, entra, un matin, tout en colère, dans le modeste pavillon qu'ils occupent aujourd'hui rue de la Ville-l'Évêque[1], et s'écria :

— Qu'on me donne toutes les clefs ! Je m'installe ici ; je serai le factotum l'in-

saye dans un de ses derniers livres, Lamartine se lève comme les oiseaux, travaille comme les laboureurs et se couche avec le soleil. Il mène la vie d'un patriarche, qui, au lieu de tracer ses sillons sur la terre, les trace sur le papier. »

[1] En sortant du logis actuel de Lamartine, et en se rappelant son habitation première, on éprouve un serrement de cœur, et l'on se demande s'il doit finir comme les autres poëtes commencent, par le grenier.

tendant. C'est moi qui tiendrai la bourse à l'avenir.

Pauvre Dargaud ! quelle tâche il s'imposait !

Une dame de charité de la Madeleine vint, le lendemain, quêter pour les pauvres.

Le factotum, la clef du secrétaire en poche, avait cru pouvoir s'absenter sans crainte. •

Madame de Lamartine ordonna au valet de chambre de forcer la serrure. Elle prit huit cents francs qui restaient en billets de banque, les plia délicatement de sa blanche main et les glissa dans la tire-lire de la quêteuse.

Son mari la regarda faire en souriant et en caressant ses charmantes levrettes.

Quand Dargaud rentra, il n'y avait plus de quoi dîner.

On ne se corrige pas de la bienfaisance.

Mais Dieu veille sur les âmes d'élite, et le bruit a couru, ces derniers jours, qu'un message, envoi d'une main mystérieuse, avait été remis inopinément à M. de Lamartine. Brisant l'enveloppe, il aurait trouvé, dit-on, sous cet heureux pli, vingt cinq mille livres de rente, payables au porteur.

Si le fait est véritable, bénie soit la providence anonyme qui vient noblement et saintement au secours du poëte !

Nous la remercions pour les lettres, nous la remercions pour la France.

Car, si M. de Lamartine a eu, selon nous, des torts politiques; si nous osons le lui dire en vertu de notre droit d'historien, il n'en est pas moins vrai que ses œuvres nous restent, œuvres sublimes, œuvres éternelles, qui sont la gloire du pays et obtiennent les applaudissements du monde.

FIN.

NOTE SUR L'AUTOGRAPHE

La lettre de Lamartine dont nous donnons le *fac-simile* à nos lecteurs prouve combien il soignait cette réputation parlementaire à laquelle il a si malheureusement sacrifié la poésie.

J'ai l'honneur de vous envoyer a
Mr Laitier un Exemplaire
ou j'ai noté les corrections, les
sensations et applaudissements — ou
ma mémoire me les a rappelés
et tels que je les ai vus
reproduits dans les réimpressions
s'il y en a   Vous avez...

Lamartine

PARIS-ACTRICE

PAR

LES AUTEURS DES MÉMOIRES DE BILBOQUET

Prix : 50 centimes.

PARIS. — 1854

LIBRAIRIE D'ALPHONSE TARIDE

GALERIE DE L'ODÉON

PARIS-ACTRICE

Imprimerie de Ch. Lahure (ancienne maison Crapelet)
rue de Vaugirard, 9, près de l'Odéon.

PARIS-ACTRICE.

I.

Mlle Mars et Jules Janin.

... Il y a quinze ans environ, une femme, déjà sur le retour, mais encore remplie de génie et de distinction dans son maintien, entrait chez Jules Janin.

Elle s'asseyait seule avec le célèbre critique, dans ce cabinet fameux où se trouvent, entre autres merveilles, les livres les plus beaux et les plus rares du monde.

Cette femme s'appelait Mlle Mars.

Elle avait de ces petits mouvements nerveux et convulsifs qu'elle employait avec tant de succès dans quelques-uns de ses rôles pour exprimer le dépit, l'émotion concentrée.

Sa lèvre était légèrement crispée, sa voix altérée et tremblante.

— Qu'avez-vous? lui dit Jules Janin de ce ton d'effusion amicale et intelligente qu'il sait prendre à l'égard des vrais artistes.

— J'ai.... j'ai.... qu'on me conteste.... Oui, j'ai la douleur d'entendre pour la première fois de ma vie critiquer amèrement mon talent, même ma personne..... Avez-vous lu cet infâme article inséré hier contre moi dans ce journal de théâtre le.... ?

— J'ai l'habitude, répondit Jules Janin, de ne jamais lire ce que le public ne lit pas.... Que vous importent, après tout, quelques misérables critiques dirigées contre vous du fond d'un journal ignoré?... Vous avez des partisans, des admirateurs zélés qui ne vous abandonneront jamais;... moi, entre autres, qui me plais dans tous mes feuilletons à donner des louanges bien méritées à votre talent toujours inimitable....

— Oh! oui, vous êtes bon pour moi, Jules; aussi n'en suis-je plus à vous remercier : vos articles me consolent de tout!... Vous savez, mon ami, que je n'ai plus qu'une seule représentation à donner. Beaucoup de personnes, mes camarades entre autres, m'engagent à ne pas me retirer.... On veut bien me dire que, malgré certains traits affligeants qui m'arrivent de temps à autre, le public ne s'est pas encore lassé de moi.... Je n'ai pas voulu prendre de décision sans venir vous consulter : vous êtes mon arbitre, mon guide suprême.... Parlez-moi donc franchement.... Dois-je quitter le théâtre, dois-je me retirer?....

— Il faut vous retirer, répondit Jules Janin sans la moindre hésitation.

— Me retirer ! reprit Mlle Mars en pâlissant légèrement ; mais songez donc que je ne me suis jamais sentie plus sûre de mon talent qu'aujourd'hui…. Si je n'ai plus le prestige de la jeunesse, je puis en revanche offrir au public des qualités de diction, d'expérience scénique que je n'ai jamais eues.

— Il faut vous retirer….

— Une année seulement, mon bon Jules, plus rien qu'une année ;… vous me la passerez bien ;… que je crée encore un dernier rôle où je puisse répandre tout ce que j'ai à présent dans l'âme et la pensée, et je vous jure que tout est bien fini !…

— Il faut vous retirer, dit pour la troisième fois Jules Janin avec l'accent d'un homme décidé à rester inflexible à toutes les raisons que l'actrice pourrait lui donner pour prolonger encore de quelque temps sa carrière théâtrale..

— Ah! vous êtes cruel!... s'écria Mlle Mars en se levant et en serrant convulsivement la main du critique. Mais n'importe, je vous remercie.

Huit jours après, elle avait joué Elmire pour la dernière fois.

Elle avait fait ses adieux au public, et cette fois ses adieux définitifs.

II.

L'heure de la retraite.

S'il y avait encore aujourd'hui de vraies actrices, si la plupart des jeunes filles qui se destinent au théâtre n'y entraient pas par des raisons fort étrangères au théâtre lui-même, on leur dirait :

— Que l'exemple de la première comédienne de notre temps vous serve de leçon !

Songez à cette heure si fatale et si inévitable où le public vous fera comprendre d'une façon souvent bien cruelle que votre temps est fini, qu'il faut que vous descendiez du trône pour faire place à d'autres.

Heure fatale, en effet, et que toutes les illusions de succès et d'enivrement ne sauraient compenser!

On comprend que de véritables actrices meurent alors de chagrin, s'inclinent et s'étiolent comme des fleurs jaunissantes, le soir de leur représentation de retraite, lorsqu'elles se disent que les feux de la rampe ont brillé pour elles pour la dernière fois ; que demain elles n'auront plus devant elles ni public, ni loges, ni parterre ; demain, la nuit, la

triste nuit de l'oubli et du silence, où
tout s'ensevelit et s'éteint !

Il n'y a plus d'actrices, encore une
fois ; quelque chose que l'on ne connaît
pas encore tend de jour en jour à les
remplacer.

Mais s'il y en avait, il est certain que
plus d'une s'effrayerait d'avance et fris-
sonnerait même dès son début à cette
idée de voir un jour son existence coupée
en deux, séparée comme les tronçons du
serpent : la tête toute brodée de palmes,
de fleurs et de triomphes ; la queue
toute assombrie de bourgeoisie et d'iso-
lement !

L'actrice véritable meurt sur la scène
et ne se rend pas.

Mlle Mars, une fois détachée du théâtre, n'a plus fait que languir et s'est bien
vite éteinte.

Mlle Rachel, qui est cependant, dit-on, une femme très-pratique, ne peut guère se concevoir hors de la scène et rejetée dans le cadre en cuivre doré de la riche bourgeoisie retirée.

Vous représentez-vous Hermione faisant tranquillement sa partie de whist avec quelques patriarches du cothurne et de la littérature dans le petit salon de sa villa de Montmorency ou d'Auteuil ?

III.

La voix de Mlle Mars.

Ce qui prouve bien que l'actrice proprement dite s'en va de jour en jour, c'est le peu de sympathie que la plupart des hommes de notre génération ont éprouvé généralement pour le talent de Mlle Mars.

En vain nos pères nous criaient : —

Admirez donc ! Pàmez-vous ! Quel organe ! quel son de voix divin, enchan-
teur ! quelle perfection !

Nous restions froids et ternes.

Cet organe si habilement modulé nous
faisait l'effet d'un gloussement maladif
et travaillé.

Nous avons souvent entendu des profanes comparer la voix de Mlle Mars à
une ventriloquie mélodieuse.

Les mères menaient leurs filles voir
jouer Mlle Mars pour perfectionner leur
éducation, même morale.

C'était comme une continuation de
Mme Campan.

Mlle Mars représentait le code officiel
des vraies manières : une espèce d'in-
stitutrice modèle qui donnait partout le
ton et le diapason.

Vous aviez des femmes qui imitaient
l'organe de Mlle Mars dans leur inté-

rieur, pour demander leurs pantouflés et leur chocolat.

On sténographiait ses plis de robe, on mettait sous verre ses moindres sourires.

Que tout cela est loin de nous, maintenant !

IV.

L'amant d'actrice.

Du temps de Mlle Mars, l'amant d'actrice existait encore.

L'entreteneur n'avait pas ces proportions gigantesques que nous lui avons vu prendre depuis.

Quand Mlle Mars changeait d'amant, tout Paris en était informé.

La nouvelle circulait à la Bourse, dans les foyers, les salons, les restaurants, partout.

Chacun commentait la nouvelle à sa

mode ; on se livrait à une foule de conjectures et de déductions comme pour un événement politique.

Du reste, la célèbre actrice ne choisissait pas ses adorateurs précisément parmi les bas percés de la littérature et de la société.

Elle adoptait plus volontiers, conformément aux mœurs et aux goûts d'alors, les officiers à la mode, les *lions* militaires (il y avait encore des lions dans ce temps-là).

Ces sortes de liaisons à épaulettes produisaient parfois de ces petits drames larmoyants et légèrement marivaudés, dont on a tant abusé depuis au Gymnase et ailleurs.

On annonçait que Mlle Mars, amoureuse folle (comme si une femme de théâtre était jamais amoureuse folle) du brillant colonel de B..., se voyant négligée par lui, mettait chaque soir un poignard et du poison sur sa table de nuit.

Quelle sensation profonde dans tout le public ! Comme on était inquiet, alarmé !

On allait même jusqu'à assurer que l'artiste désespérée était décidée à renoncer au théâtre et avait envoyé sa démission de sociétaire.

Le colonel de B..., tout brouillé qu'il était avec Mlle Mars, se voyait dans l'obligation de se rendre à son petit hôtel de la rue de la Tour-des-Dames, en ambassadeur pour la sermonner et lui faire entendre la raison.

Il la déterminait, non sans beaucoup d'efforts, disait-on, à jeter le poison par la fenêtre et à retirer sa démission de sociétaire.

On annonçait bientôt la rentrée de

Mlle Mars. Alors, c'était partout une joie, une manifestation de bonheur!...

On lui faisait, pour sa rentrée, un feu d'artifice de bravos avec quelques larmes.

Quelques jours après, Mlle Mars, pour rassurer tout à fait le public, avait formé une autre liaison; encore un militaire, tout aussi élégant que le colonel de B..., et de plus son ami intime.

Comme il fallait que la génération d'alors crût encore à l'actrice pour se passionner à toutes ces choses-là!

V.

Un trait de Jenny Colon.

Dans ce temps-là, il y avait encore quelquefois dans la vie de la femme de théâtre un grain de cet imprévu qui n'existe plus du tout aujourd'hui.

Rien qu'une anecdote rétrospective,
pour bien marquer la différence des
temps.

Un de nos amis, simple clerc de notaire, qui est aujourd'hui un homme
très-grave, se trouvait un soir à l'extré-
mité de la rue Vivienne, pris par une
de ces terribles pluies d'orage qui font
un déluge au milieu des rues.

Notre ami était cependant muni d'un
parapluie, mais de ces parapluies grêles,
débiles et diaphanes qui n'ont que le
souffle et que l'on craint d'exposer à la
violence du vent et des trop fortes
pluies.

L'orage s'étant un peu calmé, notre
ami s'apprêtait à reprendre sa course,
lorsqu'une dame, la figure couverte d'un
voile très-épais, qui s'était réfugiée
comme lui sous la porte cochère, s'approche et lui demande de vouloir bien

l'accompagner jusqu'au passage des Panoramas.

Le clerc de notaire s'empresse de déployer son parapluie sur la tête de la dame ; il la conduit à l'entrée du passage, et échange avec elle quelques paroles chemin faisant.

L'inconnue, arrivée à sa destination, relève son voile, et lui dit avec le sourire le plus doux :

— Je vous remercie, monsieur, de votre gracieuse obligeance.... Je me nomme Jenny Colon....

Notez que le nom de Jenny Colon prononcé par elle-même et sonnant tout d'un coup aux oreilles d'un clerc de notaire, c'était absolument comme le son de voix d'une déesse, l'écho d'une fée qui serait descendue d'un nuage exprès pour fasciner un pauvre mortel.

— Madame.... madame, balbutia le

jeune homme, ne pourrais-je pas.... Si j'osais....

— Quoi? dit la charmante actrice toujours avec son même sourire.

— Vous revoir....

— Pourquoi pas ?... Vous me trouverez tous les jours chez moi, de midi à deux heures.

Qu'est-il arrivé de cela? disent déjà les curieux et les profanes.

Suite de l'aventure :

Que vous importe! — C'est le trait d'abandon, c'est la fantaisie toute gracieuse de l'actrice à la mode vis-à-vis d'un pauvre garçon qui venait de lui rendre un léger service, que nous avons à constater ici.

Une actrice d'aujourd'hui vous dirait en pareil cas :

— Venir me voir? ça coûte cher. On n'entre pas chez moi à moins de 500 fr.!

VI.

Les vocations d'actrices.

Autrefois, les comédiennes, filles d'acteurs pour la plupart, naissaient sur les planches mêmes, comme de petits champignons.

Elles étaient regardées dès leur berceau comme du gibier de planches et de coulisses.

Tout acteur quelque peu célèbre envisageait avant tout sa progéniture au point de vue de l'art, qui absorbait sa vie entière.

Un vrai Crispin ne voyait rien dans le monde de comparable à une Marinette ou à une Dorine parfaite, qu'il se plaisait à élever lui-même à la brochette de la tradition.

Aujourd'hui, c'est toute autre chose.

Le comédien bien posé, arrivé, comme on sait, vise surtout au notaire ou au garde national.

Son idée, sa prétention n'est pas du tout de faire de sa fille une comédienne ; c'est bon tout au plus pour sa fille naturelle. L'héritière légitime de son nom et de sa position sociale, il veut en faire à toute force une bourgeoise ; il espère la marier à un quart d'agent de change, à un peintre ou à un graveur.

Quand il a pu réaliser une pareille utopie, il se considère comme ayant atteint ici-bas le but suprême de ses vœux.

Les comédiens d'autrefois auraient appelé cela une mésalliance.

Il est certain que ces sortes de croisements de races contribuent beaucoup à affaiblir le théâtre et l'actrice en particulier.

Le théâtre n'est plus qu'une simple

annexe, une dépendance de la vie prosaïque et vulgaire. L'optique est détruite.

On chercherait vainement de notre temps les vraies pépinières d'actrices, les terrains spéciaux où elles naissent et se perpétuent.

VII.

Suite des vocations d'actrices.

Enfin, où en voyez-vous aujourd'hui de ces jeunes filles qui embrassent le théâtre avec fanatisme et furie, insensibles à tous les freins, à tous les avertissements de la famille et de la société, qui se font actrices quand même et malgré tout, parce que la nature, un démon intime si vous voulez, leur a dit qu'elles devaient être actrices ?

Ainsi se manifestent les véritables

vocations, les organisations d'élite, capables d'électriser et de bouleverser d'un
geste et d'un mot tout un parterre.

Où sont-elles, encore une fois, ces
jeunes filles fanatiques, folles du théâtre?

La folie seule fait excuser le théâtre.

Le diable au corps est un sens entièrement perdu.

VIII.

Comme on lance une actrice.

Une famille bourgeoise quelconque
qui a l'épiderme honnête, qui paye bien
son loyer et ses contributions, se trouve
posséder un fille déjà grandelette, bien
découplée, avec de beaux yeux, de beaux
cheveux, de belles dents, une jolie
taille, etc.

Le père est employé dans une administration quelconque. Sa mère colla-

bore dans l'intérieur avec une femme de ménage.

On vit bien, mais on pourrait mieux vivre.

On trouve qu'on mange trop de gibelotte de lapin.

Il s'agit, pour améliorer le sort général de la communauté, de tirer un parti quelconque de cette fille qui a coûté de très-grosses sommes depuis qu'elle est au monde, en leçons de toute espèce, français, piano, anglais, chant, etc., sans compter les nombreux bâtons de pommade nécessaires pour coller ces deux magnifiques accroche-cœurs qui reluisent sur ses tempes comme deux hameçons provoquants.

La marier! A qui? — A un employé à deux mille francs tout au plus? Quel avenir mesquin!

Ce n'est pas là ce qui sortira la mère

des tartans en laine grise, ni le père des paletots abricot.

Le commerce? — Elle le déteste, dit la mère; d'ailleurs, entrez donc dans un comptoir, quand vous exécutez les variations de Herz sur les motifs des *Huguenots*, sans balancier.

Une idée!... Si nous la mettions au théâtre?

On tient une espèce de conciliabule de famille; on fait semblant d'agiter le pour et le contre.

Après tout, le préjugé du théâtre est bien tombé :

— Il y a d'honnêtes femmes partout....

Ce n'est pas parce qu'on est sur les planches qu'on est obligé de se perdre et de renoncer à la vertu....

— Ah! fi! — D'ailleurs, je suis là, dit la mère en se redressant fièrement sur ses reins; je suis là pour veiller sur ma fille ; je compte bien ne pas la quitter d'une seule minute !...

On se livre ensuite à une foule de calculs et de rêves dorés.

On se demande ce que peut gagner, bon an mal an, une actrice qui a une fois le pied dans l'étrier ?

Elle peut arriver aux gros appointements, à la pension, devenir sociétaire. Alors, elle fera pleuvoir une pluie d'or sur la tête de ses respectables parents qui n'auront plus à craindre de végéter dans leurs vieux jours.

Plus d'hésitation : notre fille entrera au théâtre ; on en fait de propos délibéré une Champmeslé, une Clairon.

On la consulte cependant pour la forme.

— Aimerais-tu le théâtre, bichette ?

La jeune fille sourit niaisement et baisse la tête en chiffonnant le coin de sa robe.

C'est décidé! Elle a une immense vocation !

Dès demain il faut la conduire chez
M. Samson ou M. Beauvalet.

IX.

La mère d'actrice.

Voilà comme se décident aujourd'hui
la plupart des vocations d'actrices.

On fait sa fille comédienne, au lieu
de la faire parfumeuse ou mercière.

Le théâtre est un expédient, un pla-
cement comme un autre. On en discute
froidement les chances bonnes ou mau-
vaises, les risques ou les avantages.

C'est peut-être la société qui veut cela.

On a souvent crayonné la mère d'actrice; on s'est plu à en faire une cari-
cature.

On n'a vu que le contraste entre la

fille ruisselante de bijoux, de plumes et de toilette, et cette mère couverte d'oripeaux burlesques, avec des chapeaux fantastiques, son sourire qui grimace, ses gants de peau de lapin.

Ceci est l'ancienne mère d'actrice, le type d'il y a vingt ans.

Aujourd'hui, la mère d'actrice a des châles sérieux ; elle est mise à peu près comme tout le monde.

Dans sa tournure et sa toilette, vous ne voyez plus rien de passionné ni de ravagé. C'est tout bonnement une femme d'affaires.

Elle surveille sa fille, qui n'a pas du tout besoin d'être surveillée.

Rien de moins romanesque que la plupart des jeunes actrices, qui ne font que ce qu'elles veulent bien, qui ont tout préparé, tout calculé d'avance, même les coups de tête, même les mariages extravagants et littéraires, qui ont toujours un but sérieux.

Ce n'est pas pour rien qu'elles ont passé par le Conservatoire !

La mère est le secrétaire du cabinet de sa fille. Elle est là pour répondre aux adorateurs qui se présentent.

Elle tient les passions de sa fille par doit et avoir et en parties doubles.

Si elle assiste aux soupers, si elle participe aux homards, c'est une pure concession de sa part. Elle ne perd jamais un seul instant son sang-froid ni sa mission de contrôleuse en chef.

Elle fait elle-même l'estimation des maisons de campagne, des parcs, des jardins que l'on est tenté d'offrir à sa fille.

L'ancienne mère d'actrice caressait volontiers le cassis et la tisane de Champagne. Celle d'aujourd'hui ne sort jamais du bordeaux..

Elle organise la corbeille, elle stipule le nombre de cachemires, les fourrures, les dentelles.

C'est elle enfin qui achète la lingerie et les meubles.

Il est convenu qu'elle a sa remise sur tous ces articles-là.

X.

Le talent de Mlles Favard, Bonval, Fix,
Madeleine Brohan, Denain, etc.

On a beau dire, voilà où en sont les mœurs.

L'actrice non émancipée a presque toujours sa mère attachée à elle par les liens de la morale et de la rigidité en apparence, mais en réalité par ceux du capital.

L'amant de cœur est encore bien loin. Nous le retrouverons plus tard et à une tout autre phase de la vie de l'actrice.

Nous sommes ici dans la phase du protecteur sérieux, de l'homme qui représente la première base du bien-être solide et durable auquel toute la famille a droit.

Et l'on s'étonne qu'avec cette manière d'entamer la vie théâtrale, ces antécédents si profondément Barême, nous ayons aujourd'hui sur la scène tant de jolies automates, aux traits mignons, aux beaux yeux, et sans un atome de feu sacré!

Dernièrement, une conversation s'était établie à l'orchestre du Théâtre-Français entre deux habitués.

L'un vantait la grâce, le charme irréprochable de plusieurs jeunes comédiennes reçues récemment sociétaires, et fraîchement échappées, du reste, des bancs du Conservatoire.

— Pour moi, disait l'autre, quand je
vois jouer Mlles Madeleine Brohan, Denain, Fix, Favard, Bonval, et tant
d'autres, je crois toujours voir la même
actrice : mêmes intentions, mêmes mouvements, mêmes regards ; on peut presque dire même visage, même voix.

— C'est la faute du Conservatoire,
disait une autre personne, n'est-ce pas
la grande fabrique des roulements d'yeux
de tradition, des sourires notés, de la
déclamation routinière?

Le Conservatoire a souvent bon dos,
il faut l'avouer.

Il est faux que le Conservatoire puisse
avoir la vertu d'étouffer les actrices qui
seraient vraiment douées d'intelligence
et d'âme.

Son plus grand défaut, comme il arrive du reste de toutes les écoles, est
de rendre la médiocrité possible, mais

il ne peut rien, Dieu merci, sur le talent.

...Il est certain que toutes ces jolies jeunes filles, qui ont pour mission de nous débiter chaque soir du Molière et du Scribe à la mécanique, auraient pu tout aussi bien devenir femmes de notaires ou de négociants.

On se les figure beaucoup mieux dans un bal d'avoués que sur les planches d'un théâtre.

Elles arrivent dans un temps donné à être sociétaires, presque toujours par droit d'ancienneté, comme dans la marine.

Alors elles ont leur bâton de maréchal.

Ce jour-là, on pousse des cris de joie dans la maison paternelle. La mère, le père, les oncles, les cousins s'embrassent et versent des larmes d'attendrissement.

On mange des truffes à dîner.

La famille reconnaît qu'elle ne s'est pas trompée dans ses espérances.

Que de sociétaires cependant nous aurons dans quelques années; sociétaires brunes, blondes, roses, petites, grandes, effilées, arrondies, etc. !

Il y aura incessamment plus de comédiennes sociétaires sur la scène du Théâtre-Français que de spectateurs dans la salle.

Songez que tous les ans, on nous en façonne, on nous en fabrique par les procédés connus !

Les actrices intelligentes en viendront à inscrire sur leurs cartes de visite *Non-sociétaire du Théâtre-Français.*

On regardera cela comme un vrai titre de distinction.

XI.

Mmes Rachel, Allan, Augustine Brohan.

Est-il donc vrai qu'il n'y ait plus, à l'heure qu'il est, de véritables talents de femmes sur notre première scène, si riche pourtant en ressources passées et même présentes, si elle voulait en faire usage?

Mlle Rachel, n'est-ce pas là un de ces noms imposants qui répondent à tout, qui suffisent pour compenser toutes les médiocrités possibles?

Mlle Rachel pour nous est une *in-griste*.

Elle a le dessin, le contour, il lui manque la couleur et la vie ; c'est un jeu tout de réaction et de protestation.

La tragédie aujourd'hui ne nous

touche plus guère. Où est la pièce mo-
derne? le théâtre actuel, où est-il?

Que nous fait, après tout, une actrice
qui ne sait que nous émouvoir en grec,
qui aurait pu être excellente et parfaite
pour les archéologues et les élèves de
David, mais qui nous laisse froids et
inanimés comme les socles en carton-
pierre du palais d'Agamemnon?

Mlle Rachel est surtout un talent de
musée et de bibliothèque. C'est du mar-
bre de Paros qui gesticule et déclame.

Dieu! si cette nature si vraiment intelligente et scénique pouvait se per-
suader que la vieille tragédie, avec ses
rideaux de croisée rouges ou jaunes,
n'est plus qu'un vieil apprentissage,
le baccalauréat de l'art; que ce qu'il
faut avant tout, c'est la note du jour,
l'accent des âmes et des esprits!

Si elle pouvait enfin dépouiller quinze

années de cothurne et d'ovations sco-
lastiques!

Mais à quoi bon rêver l'impossible?

—

Mme Allan.—Véritable actrice, pleine
de naturel, d'esprit, de jugement, souvent aussi de sensibilité.

Il y a sans doute quelques taches
dans sa diction, un peu de ce précieux
du Gymnase et de la Russie, dont on a
tant de peine à se défaire. Mais en revanche, quelle intelligence et quelle conviction profonde!

Il n'y a pas de danger, du reste, que
Mme Allan soit jamais sociétaire ni
qu'on veuille la mettre au premier rang.

Ce qu'on veut avant tout au Théâtre-
Français, c'est de la beauté et de la jeunesse argent comptant. Le talent ne
compte pour rien ou pour fort peu de
chose.

Après tout, le vieux répertoire roule
si bien de lui-même !

—

Mlle Augustine Brohan. — Oui, une
vraie rieuse, un excellent organe, une
comédienne de verve et d'à-propos ,
mais qui a toujours trop l'air de dire
au public : — Hein! comme j'ai de l'esprit, comme je suis amusante; riez
donc, amusez-vous, me voilà !

Mlle A. Brohan manque essentiellement de méthode et de patience en
scène, ces deux grandes qualités de
Frédérick-Lemaître.

Elle a un entrain réel, mais elle
écœure souvent le public. C'est plus encore une espiègle qui se met parfois
beaucoup trop à son aise qu'une actrice
proprement dite.

Mlle Augustine Brohan a commis une
grande faute le jour où elle s'est avisée

de jouer Mathurine du *Festin de Pierre*
avec tous ses diamants.

XII.

Le luxe de Mme Doche.

Cependant, voici l'actrice tout à fait
émancipée.

Elle arrive à présent au théâtre sans
aucune espèce de mère; elle est libre
d'elle-même.

Elle se contente d'envoyer de temps
en temps à ses chers parents des ca-
deaux pris presque toujours dans l'ordre des denrées coloniales : du sucre,
du café, du thé, des bouteilles de
rhum, etc.

On appelle cela *faire du bien à sa
famille.*

Si on envoyait de l'argent tout uniment, ce serait beaucoup moins bien vu.

Les livres de café et les pains de sucre ont toujours eu un côté affectueux.

L'actrice a maintenant à s'occuper de trouver *un homme qui la pose*, comme on dit ; c'est, pour parler plus nettement, un entreteneur d'apparât, qui dépense ou soit censé dépenser pour elle des sommes folles.

Le succès, les applaudissements, les créations de rôles importants, ne viennent qu'en sous-ordre ; le grand point pour une actrice qui tient à devenir en vogue est de découvrir ce nabab généreux et bénévole qui consente à la couvrir de billets de banque.

Dès lors, elle est sûre d'avoir pour elle cette portion du public que le grand luxe éblouit toujours, l'immense phalange de badauds disposés à s'extasier devant tout ce qui reluit et jette des feux comme le diamant.

Qui est-ce qui n'a pas entendu certains spectateurs s'écrier en voyant Mme Doche jouant la *Dame aux camélias* :

— C'est que c'est absolument son histoire !... Elle aussi vit dans les camélias, l'hermine et les pierreries. On dit qu'elle a chez elle des tapis d'or, qu'elle couche sur des plumes de colibri, etc.

On applaudissait le luxe de la comédienne avant de songer à son talent.

Pourquoi les fournisseurs de ces dames ne touchent-ils pas de feux ?

XIII.

L'entreteneur d'actrice.

L'entreteneur d'actrice devient plus rare de jour en jour.

C'est un type mystérieux, exception-
nel et souvent fort difficile à saisir.

On demande à les voir enfin ces
hommes d'une race et d'une pâte par-
ticulières qui se déterminent à jeter un
beau matin, à propos de bottes, trois
ou quatre cent mille francs à la tête de
Mlle une telle des Variétés, du Vaudeville ou du Palais-Royal?

Il est certain qu'on les rêve bien
plus souvent qu'on ne les réalise, ces
êtres providentiels.

L'entreteneur d'actrice doit être sup-
posé un peu artiste. Il a nécessairement un cœur qui cherche à sortir de
l'ornière banale.

S'il est violemment épris d'une femme
de théâtre, ce ne peut être apparem-
ment qu'à cause du talent qu'elle dé-
ploie sur la scène.

Or, nous avons dit que les ac-

trices de talent sont fort rares maintenant.

— Admettons même qu'il s'en trouve
elles perdraient ce talent bien vite, si
elles s'avisaient de se faire entretenir en
règle et par la méthode commune.

Comment faire pourtant pour per-
suader au public que l'on est en posses-
sion de cette providence intime qui vous
fait des papillotes avec des billets de
mille francs?

On suppose le riche entreteneur ; on
l'invente, pour peu qu'il se fasse atten-
tendre.

Vous trouverez bien peu d'actrices,
depuis les plus petites jusqu'aux plus
grandes, qui ne mettent leur amour-
propre à dire ou à laisser dire que tel
Monsieur se ruine pour elles.

Ce Monsieur qu'elles citent n'a souvent
nulle envie de se ruiner. Il est à leur

égard dans les dispositions les plus cal-
mes et les plus régulières.

N'importe, on en fait un phénomène
de prodigalité, une espèce de Mondor qui
jette l'or à pleines mains dans le tablier
de la femme de chambre, suivant l'an-
cien système.

En attendant, ce mobilier oriental
que l'on affiche appartient tout entier à
Fraise ou à Bloche.

La livrée vient en droite ligne de chez
Briard.

Les bijoux sont dus entièrement chez
Janisset.

Les poneys que l'on conduit soi-même
à travers les allées du bois de Boulo-
gne n'ont d'autre but que de courir après
ce riche entreteneur, qui n'est pas si fa-
cile à attraper qu'on le suppose.

XIV.

Un début à la Salle Lyrique.

En somme, comment ne veut-on pas que l'entreteneur d'actrice ne s'en aille pas?

Autrefois, les actrices vous offraient le théâtre à titre d'apport sentimental; aujourd'hui, c'est vous qui êtes forcé de le lui offrir.

— Mets-moi au théâtre, mon bon chéri.... Tu verras comme je serai belle, comme je m'habillerai bien et comme j'aurai du succès!...

Qui est-ce qui ne s'est pas entendu adresser cette phrase-là avec accompagnement de deux beaux bras qui se jettent autour de votre cou, pour enchaîner votre tête et votre volonté dans un étau charmant?

— Mets-moi au théâtre, ce qui veut
dire en termes pratiques :

Commence par me prendre une foule
de cachets à l'école de déclamation de
M. Paul-Ernest ou ailleurs ;

Ensuite, souffre que nous fassions nos
répétitions chez moi, dans mon boudoir,
avec de jeunes apprentis cabotins qui
arriveront avec leurs bouffardes, con-
sommeront des grogs et se vautreront
sur mes meubles en soie avec leurs
longs cheveux et leurs rôles à la main ;

Ensuite, loue-moi toute la Salle Lyrique du haut en bas (on appelle cela *débuter* à *Lyrique*), afin que j'aie l'occasion
de jouer devant un public quelconque,
comme cette grande actrice italienne
qu'on appelle Mme Romanelli ;

Ensuite, mets tous tes amis en réqui-
sition pour qu'ils viennent m'applaudir
et me couvrir de bouquets ;

Ensuite, comme il est convenu que j'aurai énormément réussi, va-t'en trouver un directeur, demande-lui combien il te prendra pour m'inscrire parmi ses pensionnaires. Engage-toi, souscris toutes les actions qu'il voudra pour son théâtre.

Enfin viendra le grand jour du début. Alors ce seront les costumes, les claqueurs, les visites et les démarches à l'infini, les pourboires illimités à tous les employés de l'administration, etc....

Nous n'en finirions pas, si nous voulions énumérer tout ce qu'entraîne ce mot-là : *Mettre une femme au théâtre.*

Règle générale : Toute femme entretenue est aujourd'hui actrice plus ou moins.

Certains directeurs vous diront, à un centime près, ce qu'il en coûte pour faire débuter une maîtresse ; c'est-à-dire pour avoir le plaisir de contempler pendant cinq minutes aux splendeurs de la rampe le mantelet et le chapeau de votre cœur.

XV.

Un mot d'actrice.

Comment sont les actrices chez elles ?

A peu près comme toutes les autres femmes, quand elles ne s'occupent pas de leurs costumes et n'étudient pas leurs rôles.

Lorsqu'elles n'ont personne pour les observer, elles poussent très-loin le laisser-aller du langage.

Elles prouvent qu'il y a fort loin souvent de la réalité de l'intimité à la sensibilité de convention qu'elles étalent parfois sur la scène.

Une actrice fort connue rentrait dernièrement de sa répétition.

Elle trouve sa fille aînée, âgée de quatorze ans, occupée à lire dans sa chambre à coucher.

Elle lui parle de choses et d'autres, de la pièce que l'on répète, des prétentions de telle camarade, des exigences de l'auteur ou du directeur.

— Ah! à propos, ma fille, dit-elle tout d'un coup en arrangeant ses cheveux devant son armoire à glace, tu sauras que ton père a *claqué*....

XVI.

Les *Cie'*, *mon mari!*

Ainsi nous reconnaissons deux branches principales dans la grande famille des actrices parisiennes ;

D'une part, celles que leurs parents

envoient au Conservatoire, avec un ca-
bas à la main et un solfége sous le bras,
parce qu'ils ont fait ce calcul bien simple qu'une jeune fille que l'on met sur
les planches est évidemment d'un meil-
leur rapport qu'une employée dans un
magasin ou une sous-maîtresse dans un
pensionnat;

D'autre part, celles que les entrete-
neurs mettent au théâtre, l'innombrable
tribu des Anita, des Julia, des Angèle,
des Eudoxie, des Palmyre, etc.

Cette seconde classe commence à la
banlieue et à la Salle Lyrique et finit on
ne sait où, souvent aux abords des
scènes élevées, là où semblerait devo'r
s'arrêter la triste et scandaleuse exploi-
tation du jobard riche par la maîtresse
dramatique.

Les actrices de cette dernière catégorie
ont reçu une dénomination particulière.

On les appelle dans l'argot des coulisses des *Ciel, mon mari !*

Leur rôle se borne généralement à prononcer cette phrase traditionnelle, avec un chapeau de satin et une robe en velours épinglé, lorsqu'elles voient paraître par la porte du fond l'acteur qui est censé les prendre en flagrant délit d'infidélité.

Cet emploi spécial et si intéressant pour la société, tend de jour en jour à s'accroître.

Le théâtre du Palais-Royal compte à lui seul, à l'heure qu'il est, quatorze *Ciel, mon mari !*

Les autres scènes de vaudeville ne sont guère moins riches.

Les *Ciel, mon mari !* sont au théâtre ce que les articles d'actionnaires sont aux journaux et aux revues.

XVII.

La correspondance de Mlle Taglioni.
Mlle Nathalie Fitzjames.

Les danseuses ont incontestablement perdu du terrain depuis plusieurs années.

Les révolutions leur ont décidément fait du tort.

Elles sont fort loin d'être ce qu'elles étaient à l'époque de feu Gardel et de M. Véron.

Aujourd'hui, les pirouettes ne prennent plus les cœurs.

Les sylphides épousent Saint-Léon.

Après le règne des danseuses qui n'était, du reste, qu'une réminiscence du Directoire et du Consulat, nous avons eu le paradoxe des rats qui se prolonge encore chez quelques individualités élé-

gantes qui tiennent à leurs vieux féti-
ches de 1834.

Vous ne voyez plus guère de rats aux
avant-scènes de théâtres, ni dans les
cabinets de restaurants.

La lorette absorbe et nivelle tout.

Quand on songe qu'aujourd'hui
Mlle Taglioni ne serait plus du tout
comprise! On resterait froid devant cette
pantomime, ces pas aériens dont on raf-
folait il y a quinze ou dix-huit ans.

Ce que c'est pourtant que des triomphes et des fanatismes de la scène!

Mlle Taglioni a été du très-petit nombre de danseuses qui aient pu passer
pour sérieusement sentimentales.

Nous nous souvenons de certaines
lettres datées de Londres, qu'elle écrivit
à ce pauvre Chaudesaigues, si remplies
d'élan et de passion.

Il est certain qu'on n'arrive pas à

feindre ainsi les mouvements du cœur et les transports de l'amour.

On comprend que de pareilles lettres aient bouleversé le cerveau de l'écrivain déjà si exalté par lui-même; doué d'une de ces organisations ardentes et fiévreuses qui sont faites pour s'éteindre de bonne heure.

Au XVIII° siècle, on n'eût pas manqué de faire imprimer cette correspondance amoureuse de Mlle Taglioni.

On eût ainsi possédé de précieux renseignements sur le caractère d'une classe d'artistes que l'on se représente souvent comme beaucoup plus insensibles qu'elles ne sont en réalité.

Mlle Nathalie Fitzjames a mérité d'être citée pour ses qualités de cœur et de dévouement.

L'un de ses amants, frappé par de tristes désastres de fortune, s'est plu à déclarer plusieurs fois que sans elle, sans l'affection consolante et délicate dont elle avait su l'entourer, il se serait fait incontestablement sauter la cervelle.

XVIII.

Les chanteuses mariées.

La chanteuse est encore de toutes les actrices celle qui se maintient le mieux dans l'échelle si souvent mobile et variable des positions dramatiques.

Une belle voix est, jusqu'à nouvel ordre un instrument précieux qui représente un avenir réel.

On conçoit que certains hommes riches tiennent à avoir chez eux dans leur château ou leur hôtel un larynx d'élite, pour le faire résonner à leurs heures.

Il s'ensuit que souvent ils épousent le larynx.

La chanteuse est en définitive la seule actrice qui se marie d'une façon parfaitement authentique, avec une dot et tout ce qui s'ensuit.

Les autres actrices ne font guère que des unions de fantaisie et de théâtre.

Notre temps est riche en cantatrices mariées d'une façon éclatante. Nous avons eu Mlles Sontag, Naldi, Darcier, Garcia, aujourd'hui Mme Viardot, beaucoup d'autres encore que l'on pourrait citer.

Le monde accepte volontiers les cantatrices mariées, quel que soit leur passé.

Il se dit : — Nous les ferons chanter, cela nous distraira.

C'est bien là le cas de fermer les yeux et de montrer de l'indulgence.

Les points d'orgue et les arpéges font

pardonner tous les antécédents possibles !

XIX.

Les danseuses mariées.

On peut donc épouser une chanteuse et conserver encore son rang dans le monde.

On est seulement considéré comme un excentrique, un mélange d'Anglais et de mélomane, mais voilà tout.

On demeure inscrit sur la liste des gens acceptés. On n'a pas cessé d'être possible.

Une danseuse, c'est tout différent !

Épouser une femme d'entrechats et de pirouettes, c'est proclamer qu'on ne tient plus à rien ici-bas, qu'on a gâché sa vie, qu'on patauge dans un effrayant scepticisme.

Les pères de famille vous montrent du doigt à leurs fils qui sont en train d'entretenir des rats, afin que votre exemple leur serve de leçons.

Que veut-on que le monde fasse d'une ancienne danseuse?

On ne peut pas lui dire, comme à la chanteuse, de se mettre au piano et de déployer ses talents pour égayer un rout qui languit.

Une danseuse, même mariée autant qu'on peut l'être ici-bas, n'offre jamais toutes les garanties désirables.

Si elle s'avise de danser dans un salon, on a la chair de poule. On redoute chez elle un réveil d'impétuosité de ses anciens tibias.

On craint qu'au milieu d'un quadrille, elle ne se mette tout d'un coup à élever la pointe du pied au niveau du nez de son danseur. — Si elle al-

lait entamer une cachucha ou une ta-
rentelle !

Une danseuse n'a jamais l'air de mar-
cher à l'autel que sur ses orteils et au
bruit des castagnettes.

XX.

Révélations de coulisses.

Les chanteuses et les danseuses ont
toujours eu dans leur vie privée certaines habitudes excentriques, qui sont
curieuses à connaître pour quiconque
veut voir l'envers des existences théâ-
trales.

Nous consignons donc ici au hasard
quelques particularités relatives à nos
célébrités contemporaines, dont nous
garantissons l'exactitude.

Mme Malibran avait l'habitude de souper dans sa loge une demi-heure environ avant d'entrer en scène. Elle mangeait, en costume de Desdémone ou d'Arsace, des côtelettes de mouton qu'on lui montait du Café Anglais et qu'elle arrosait presque invariablement d'une demi-bouteille de vin de Sauterne. Ce repas était suivi ordinairement d'une cigarette que l'actrice ne jetait que juste au moment où on venait l'avertir de descendre.

—

Mme Dorus mangeait dans les coulisses de la viande froide qu'elle apportait dans des boîtes en ferblanc, au grand désespoir de M. Duponchel.

— Encore, s'écriait le directeur, si elle mangeait dans de l'argent ciselé!

—

Mlle Fanny Cerrito s'amuse dans ses moments de loisir à copier les romans

en vogüe. C'est ainsi qu'elle a transcrit
dé sa main toute *la Dame aux Perles*
de M. Dumas fils, sur très-beau papier,
avec des illustrations à la plume faites
par elle-même.

—

Mlle Carlotta Grisi a souvent à la
main dans les coulisses un bouquet de
lilas blanc ou de roses mousseuses qu'elle
respire avec ardeur et qu'elle jette brus-
quement à sa femme de chambre au
moment où elle entre en scène.

—

Mlle Nau fait dans sa loge de la ta-
pisserie avec frénésie dans les entr'actes
des pièces où elle joue.

—

Mme Ugalde a la très-funeste habitude de descendre à sa cave après le
spectacle, décolletée, sans aucune pré-

caution, ce qui a contribué souvent à jeter un voile sur son admirable voix.

—

Mlle Taglioni au moment de s'élancer sur le théâtre, était souvent prise d'un tressaillement nerveux qu'elle ne parvenait à dompter qu'en respirant un flacon de sel et en se bassinant les tempes avec du vinaigre anglais.

—

Mme Stoltz cause volontiers dans les coulisses avec les personnes qui l'entourent. Elle est considérée comme une des actrices les plus intrépides, celles qui résistent le mieux à l'émotion et à la crainte, au moment de leur entrée.

—

Mlle Fanny Essler n'est jamais descendue de sa loge sans être prise d'un accès de spleen profond qui se dissipait de lui-même pour faire place à une sorte de gaieté fiévreuse, au moment où la musique de l'orchestre se faisait entendre.

—

Mme Tedesco a toujours eu les plus jolis chiens du monde. Tous ceux de ses favoris qu'elle a eu le malheur de perdre ont été empaillés par Evans et conservés chez elle.

—

Mlle Priora ne danse jamais sans avoir la bouche sèche et brûlante, ce qui l'oblige à sucer des oranges pendant toute la durée du spectacle.

—

Mme Alboni ne pourrait pas chanter, si elle n'avait pas à la main un certain éventail qui lui a été donné par le prince de..., et dont elle se sert même dans quelques-uns de ses rôles. Nous nous souvenons de lui avoir entendu faire un soir cette réponse à quelqu'un qui lui disait en indiquant l'éventail :— C'est donc le talisman de votre cœur?— Non, mais de mon gosier.

XXI.

Les actrices dans l'eau.

Il y a deux ans, l'exercice de la natation était fort à la mode parmi les actrices de Paris.

C'était à qui le soir, dans les foyers, célébrerait ses prouesses et se vanterait d'avoir parcouru en nageant des étendues prodigieuses.

Toutes les ingénues et les soubrettes avaient plus ou moins sauvé des cuirassiers.

Enfin, après beaucoup de contestations et de vanteries, il a bien fallu se voir dans l'eau, jouter entre soi, voir en définitive quelle serait la plus forte parmi toutes ces nageuses qui se posaient comme faisant l'admiration des habitants de Chatou, de Neuilly, d'Asnières, de Saint-Cloud, etc.

On n'ignore pas qu'en été toute actrice quitte Paris et va s'établir dans la banlieue, à une distance d'omnibus ou de chemin de fer qui s'accorde avec les exigences de son service. — Celles qui sont en congé vont à Étretat ou à Dieppe.

La grande lutte de natation entre différentes actrices a donc eu lieu à Bougival, à cet endroit où la Seine est si belle et si claire, en présence d'un jury très-impartial, composé en grande partie de tritons littéraires.

Plusieurs prix étaient d'avance désignés pour celles qui auraient le bonheur de l'emporter sur leurs rivales et de prouver leur supériorité dans ce grand art de la natation, qui exerce, comme on sait, tant d'influence sur le progrès de l'art dramatique.

Le premier prix était un feuilleton complet offert à la meilleure nageuse.

Elle aurait le bonheur, à sa première création de rôle, de se voir louée toute seule à outrance pendant plusieurs colonnes, dans un journal important.

Le second prix aurait droit à une colonne d'éloges seulement.

Le troisième prix obtiendrait une simple réclame, etc.

Nous sommes heureux de pouvoir consigner ici le résultat de cette lutte mémorable qui a laissé des souvenirs si durables dans le monde artistique.

Le premier prix a été obtenu par Mlle Laure Lambert, du théâtre du Palais-Royal, qui est arrivée un peu avant les autres, grâce à une coupe des plus fines et des plus savantes qu'elle tenait en réserve et qu'elle a déployée très à propos, au moment d'atteindre le but.

Mlle Alphonsine, de la Porte-Saint-Martin, est arrivée en second, distancée seulement d'une papillote par son heureuse concurrente.

Ensuite est venue Mlle Judith, des Français, qui n'a pas tenu ce jour-là ce qu'on attendait d'elle.

Puis Mlle Thésée, qui a déployé beaucoup plus d'agilité qu'on n'était en droit d'en attendre d'une nageuse encore novice.

Mlles Nathalie, des Français, et Boisgontier, du théâtre des Variétés, ont nagé presque côte à côte pendant fort longtemps, comme deux navires qui voguent de front, cherchant mutuellement à se surpasser.

Enfin, Mlle Nathalie a fini par prendre l'avantage, aux applaudissements de tous les spectateurs que cette lutte intéressait vivement.

Quant à Mmes Page, Liéven, Ozy, Fargueil et Figeac, elles sont restées vraiment trop en arrière pour que nous croyions devoir leur assigner des rangs.

Mme Octave est demeurée sur le rivage et a refusé absolument de concourir.

XXII.

L'homme qui a eu toutes les actrices.

Comment peut-on *avoir* les actrices, se disent quelquefois les très-jeunes gens qui ont le bonheur d'avoir encore leurs illusions et de voir les choses du théâtre à travers les lunettes roses du collége.

On les a souvent, hélas! de la façon

la plus prosaïque et la plus vulgaire du monde.

Il est certain qu'il existe à Paris des centres de galanterie où l'on vous présente *le tarif*, comme on dit en termes fort peu gazés, de plus d'une actrice citée.

On vous dit de la façon la plus nette que celle-ci vaut trois cents francs, celle-là cinq cents, celle-là huit cents.

Les chiffres varient comme à la Bourse. Il y a des fluctuations, des changements de cours que déterminent les rôles plus ou moins importants que l'on crée, les chiffres de l'émargement et surtout les vicissitudes des années.

Voilà qui est peu poétique, assurément, dira-t-on.

Du moment où tout est convenu d'avance, où vous avez dans votre poche le programme exact de l'aventure qui se prépare, pourquoi pas tout uniment le tête-à-tête, la simple lorette journalière et pratique, sans aucune de ces fausses illusions d'art et de théâtre?

Pour certaines gens, *avoir une actrice*, c'est un titre qui les rehausse et les pose.

C'est une fantaisie que l'on a bien raison de leur faire payer très-cher, puisqu'ils ont la fibre assez bête pour sacrifier à de telles glorioles.

On aime à pouvoir dire en se rengorgeant à la sortie d'un spectacle ou d'un bal :

— Une telle du Gymnase, du Cirque ou des Folies-Dramatiques, je l'ai eue, mon cher, oui, je puis m'en flatter! ..

On vous montre encore aujourd'hui, dans ce siècle de prose et de raison des mortels qui passent dans la rue *et qui ont eu*, dit-on, *toutes les actrices de Paris.*

Portons-les bien vite au Panthéon et n'en parlons plus.

XXIII.

Une mystification intime.

Se trouver un certain jour vers deux heures chez la P..., voir arriver une créature souvent très-maigre et très-jaune au grand soleil, qui vous accorde tout au plus une demi-heure des plus fugitives, qui vous dit qu'elle est très-pressée, qu'on l'attend pour sa répétition, qu'elle devrait déjà être partie, qu'elle est désespérée d'être venue, qu'elle tremble d'être compromise, qui se donne à peine le temps de sourire, de s'asseoir, d'ôter et de remettre son voile, tout cela pour la bagatelle de cinq à six cents francs acceptés toujours comme une immense concession, une faveur inouïe et sous le secret du plus profond mystère; — c'est là ce qu'on appelle le plus souvent *avoir une actrice à la mode.*

Que de gens payeraient pour ne pas l'avoir!

XXIV.

Les mobiliers dramatiques.

Quand donc voudra-t-on comprendre que la femme de théâtre n'est le plus souvent qu'un immense tissu de réclames.

Tout est réclame pour l'actrice :

La natation ;

L'escrime ;

L'équitation ;

L'amour ;

La voiture ;

La famille, souvent ;

Le mobilier, toujours.

On sait jusqu'à quel point de luxe in-sensé l'ameublement de l'actrice de notre temps a été poussé !

C'est une fureur, une mode qui com-mence à se passer, du reste. Mais on peut dire qu'il y a deux ou trois ans, elle a été portée au delà de toutes les li-mites du délire.

On se souvient de ce qu'a été la vente de Mme Doche, et ceci n'est pas un mystère, puisque la vente a été pu-blique.

Les personnes qui parcouraient les pièces de l'appartement de la rue de Sèze avaient les yeux beaucoup trop petits pour contempler cette collection effrayante de potiches, de vases, de por-celaines, de dorures et de ciselures de toute espèce.

On se serait cru dans un bazar

d'Orient ou chez la princesse de Tré-
bizonde.

Quelque temps après, la dame aux
camélias avait fait dans la rue Neuve-
des-Capucines une autre installation
tout aussi étourdissante que la première. C'était le même assemblage de
lampes, d'ivoire et de vaisselle, comme
si la vente aux enchères n'eût point
passé par là.

On vend son mobilier, réclame. —
On en rachètera un autre, autre réclame.

Mlle Denain a eu le haut de son es-
calier rempli de glaces et de fleurs. Dès
le paillasson, on était dans un temple.

On écrivait à Mlle Rachel, comme
on écrit à Londres au duc de Devonshire
ou au marquis de Westminster, pour
visiter son petit hôtel de la rue Trudon
qui causait des spasmes d'admiration

et de bonheur aux gens qui sont à genoux devant les bibelots.

Il y eut un moment où les actrices de
Paris joutaient entre elles pour le mobilier (les actrices joutent toujours pour
quelque chose).

C'était à qui convertirait son intérieur
en magasin d'antiquités, d'orfévrerie,
de verroterie et de vieille porcelaine.

On eût dit le Palais de cristal à domi-
cile.

Quand on annonçait que Mme Doche
avait chez elle un ameublement nouveau, une peinture nouvelle, on pouvait
être sûr que Mmes Page, Octave, Ozy
remuaient ciel et terre pour renchérir
et posséder quelque chose de plus splendide encore; des statues en or massif,
des siéges cloués avec des diamants. —
Pourquoi pas tout de suite le soleil, la
lune, les étoiles?

Aujourd'hui Mme Doche est tombée dans les reliures et les beaux livres. Décidément le bric-à-brac s'en va.

XXV.

L'intérieur de Mme Dorval.

Qu'il y a loin de tous ces temples de fausses actrices à l'intérieur de la véritable artiste, qui ne met ni son talent ni ses pensées dans toutes ces exhibitions d'étoffes, ces bibelots à perte de vue !

Vous souvenez-vous de ce qu'était chez elle cette bonne Marie Dorval, si éloignée de toute espèce de prétentions, lorsqu'au sein de ce désordre qu'on lui pardonnait si volontiers, elle riait, conversait avec tant de grâce au milieu de ce cercle d'artistes et de poëtes dont elle avait eu le bon esprit de s'entourer ?

Mme Dorval a été la dernière femme sensible et passionnée que l'on ait vue paraître sur la scène.

Après elle, le règne des poupées.

XXVI.

Le mobilier de Mme Stoltz.

Mme Stoltz s'est trompée de date.

Dernièrement, en revenant à Paris, son premier soin a été de commander un de ces mobiliers orientaux comme on en voyait encore il y a quelques années chez toutes les actrices qui tenaient les premiers emplois.

En pareil cas, on donne carte blanche au tapissier, qui a pour mission de réaliser les *Mille et une Nuits*, avec des étoffes, de la mousseline et des tapis d'Aubusson.

En trois jours, l'appartement de la

chanteuse a été tendu, meublé du haut
en bas.

Il n'y a que Paris, pour le dire en
passant, pour réaliser ces merveilles
d'improvisation et de promptitude en
fait d'ameublement, qui font de nous
le premier peuple du monde dans l'art
de clouer des rideaux et d'arranger des
meubles.

Mme Stoltz aurait été tout aussi bien
une grande artiste très-inspirée avec un
intérieur modeste, sans tant de faste ni
d'étalage.

C'est toujours une faute, comme on
dit, de mieux éclairer la salle et les cou-
loirs que le théâtre.

On ne comprend guère le talent de-
meurant dans une chaise.

XXVII.

L'esprit des actrices.

Les actrices peuvent-elles avoir de l'esprit?

Voilà, dira-t-on, une question bien incongrue, bien impertinente et qui serait capable de nous faire lapider dans les coulisses et les foyers.

Est-ce que le père Bouhours, de prétentieuse mémoire, n'a pas posé cette question dans ses *Entretiens d'Anite et d'Eugène:* — *Les Allemands peuvent-ils avoir de l'esprit?*

Il nous semble que la question ayant été posée pour les Allemands, peut bien l'être aussi pour les actrices.

Il est fort difficile que des actrices aient de l'esprit, à proprement parler.

Elles ont trop peu de naturel et de bon-
homie pour cela.

Pas une qui ne soit toujours en scène
dans la vie intime.

Cette pose continuelle ne peut que
comprimer étrangement l'essor de l'in-
vention et de l'intelligence.

Avoir de l'esprit, c'est s'oublier, c'est
s'abandonner. Quelle est l'actrice qui
s'oublie un seul instant?

Ce qui prouve que l'esprit est assez
généralement chez les actrices à l'état
d'hypothèse et de mythe, c'est qu'à toutes les époques de leur histoire, on en
trouve une qui tient forcément le dé,
qui a le monopole des bons mots, des
saillies piquantes, se charge d'avoir de
l'esprit à elle toute seule pour toutes ses
camarades.

Autrefois, c'était Sophie Arnould qui
battait monnaie pour la corporation des

comédiennes, et Dieu sait avec quel mé-
tal hardi et même effronté !

Sous la Restauration, c'était Mlle Bour-
goin.

Sous le règne de Louis-Philippe, c'é-
tait Mlle Déjazet qui tenait le sceptre.

Circulait-il quelque part, dans un cercle ou dans un journal un mot qui avait
l'air d'être un trait, on ajoutait presque
obligatoirement : — *Comme dit Déjazet*.

La présence d'esprit d'à présent, la
licence du mot, c'est Mlle Augustine
Brohan, nature vive et enjouée s'il en
fut.

Quelques-unes des reparties de
Mlle Brohan ont déjà servi à Mlle Déjazet et remontent même jusqu'à Sophie Arnould par la voie de la tradition.

Elles n'ont subi en se transmettant
que des modifications assez légères et

qui ne suffisent pas' toujours pour en déguiser la date.

Ce qu'on est convenu d'appeler l'esprit d'actrice est généralement de l'esprit récité.

Il manque de fraîcheur et sent la planche : on y découvre toujours plus ou moins de maquillage.

XXVIII.

Le cœur des actrices.

Une actrice peut-elle avoir du cœur ? (autre question très-délicate et très-scabreuse, qu'il nous est cependant impossible d'éluder.)

Dire d'une façon absolue que les actrices sont entièrement dépourvues de cœur, ce serait faire du paradoxe à plaisir.

Il est plus juste de dire que généralement elles n'ont pas le temps d'en avoir.

Elles ont tant de choses à faire, tant de visites à rendre au directeur, tant de sourires officiels et nécessaires à éparpiller autour d'elles, à distribuer à tout ce qui touche au théâtre de près ou de loin, depuis le régisseur jusqu'au moindre machiniste, que l'on conçoit bien qu'elles n'aient guère le temps de se livrer au travail d'une affection régulière.

Quant à l'amant d'actrice, l'amant de cœur comme on disait autrefois, on sait qu'il n'a jamais existé ; c'est un type de fantaisie et de feuilleton.

Ce beau jeune homme au profil gracieux, à la moustache si poétique, que l'actrice admet dans son intimité, ne représente jamais pour elle une fasci-

nation proprement dite, c'est, soyez-
en sûr, un des moyens, une des cordes
de sa position.

Si elle l'accueille, cet amant, avec
une tendresse apparente, c'est qu'il
tient une plume quelconque.

Il doit écrire dans le coin de quelque
aspic théâtral.

Il représente dix ou douze lignes de
réclame toutes les semaines.

On n'est jamais aimé d'une actrice
que pour sa rédaction et à tant la ligne.

Quant à l'homme qui fait les affaires
de l'actrice, qui porte les réclames aux
journaux, qui assiége le cabinet du directeur, qui donne la poignée de main
au régisseur, circonvient l'auteur et offre
des cigares au chef de claque, ce n'est
pas l'amant de cœur qui fait ce métier-
là, c'est le mari, ou, ce qui revient au
même, l'amant positif.

Ici, c'est l'association, c'est le ménage qui parle et agit.

Le sentiment proprement dit n'y est absolument pour rien.

Rappelons-nous, une fois pour toutes, qu'il n'y a pas au monde de déclaration d'amour qui puisse lutter contre une réclame ou un bon rôle à obtenir.

L'actrice ne peut se passionner de bonne foi qu'au point de vue de son avancement.

Vers la fin du règne de Louis-Philippe, on demandait un jour au foyer à une jeune Célimène qui aspirait à devenir sociétaire, quel était l'homme de France qu'elle préférait, l'homme de son cœur, de ses rêves et de ses espérances?

Elle répondit avec une naïveté que bien peu de ses camarades auraient eu le courage d'imiter :

— C'est le ministre de l'intérieur.

XXIX.

Les vertus théâtrales.

Hâtons-nous de dire que ce serait une très-grande injustice et une très-grande absurdité, d'avancer que toute actrice est nécessairement dépourvue des qualités et même des vertus de la femme.

On en cite plusieurs qui sont bonnes filles, excellentes mères, véritables épouses.

Elles sont généralement charitables, obligeantes, elles font du bien à beaucoup de gens sans s'en vanter, ce qui est un don plus rare qu'on ne croit par la philanthropie qui court.

Il est incontestable qu'elles ont toutes fait dans ce siècle-ci des progrès marqués vers les perfections domestiques et bourgeoises.

Elles mettent volontiers leurs filles dans des pensionnats relevés. Elles rêvent l'École polytechnique pour leurs fils.

Elles sont, en un mot, capables de rendre de grands services dans un cas donné, de se conduire en vraiment bonnes femmes, et en amies sérieuses.

Leur est-il possible d'être jamais de vraies maîtresses, de véritables amantes? — J'en doute très-fort.

XXX.

Les actrices dans la rue.

La manière de se rendre au théâtre est un détail beaucoup plus important qu'on ne le suppose.

Il y a là tout un germe de position et
d'avenir.

L'ingénue a forcément une mère qui
lui ouvre elle-même la porte d'entrée
des artistes et passe derrière elle.

Il est même bon que la queue du parterre aperçoive la mère de temps en
temps. La mère fait partie de l'emploi.

Les rôles qui demandent de l'aplomb,
les soubrettes, les travestis, n'ont jamais de mère.

Ce serait un accessoire parfaitement
oiseux, nuisible, même. L'actrice aurait
l'air de ne pas savoir porter les cu-
lottes.

Dans les théâtres d'esbrouffe tels que
le Vaudeville, le coupé est presque de
rigueur pour toute actrice qui veut tenir
un certain rang.

Ce coupé fait bien dans les alentours
du théâtre; il meuble, il fait décor.

Les badauds disent : Voilà le coupé de Mme Doche ou de Mlle Page.

C'est une manière de faire parler et de l'artiste et du théâtre.

Le coupé fait bien aussi à la porte du Théâtre-Français. Qu'il soit même aussi confortable et verni que possible, cela n'en vaut que mieux.

On arrive au sociétariat à la fois par le coupé et le Conservatoire.

Il est des théâtres au contraire où, loin d'être utile, le coupé nuirait, au Gymnase, par exemple, qui est comme on sait un théâtre essentiellement vertueux et régulier, qui vise à la haute morale.

L'actrice qui se respecte doit venir à pied aux répétitions et aux représentations, suivre en cela l'exemple de la directrice, qui ne s'est jamais permis que les socques les jours de pluie.

A l'Opéra, l'actrice peut venir comme bon lui semble, en citadine, en cabriolet, en calèche somptueuse ou même en simple parapluie. Personne ne s'occupe de ses moyens de transport.

On est si blasé sur l'équipage à l'Opéra !

A certains théâtres des Boulevards, à la Gaieté, entre autres, on cite des actrices telles que Mme Lacressonnière, qui n'ont jamais pris un seul fiacre dans tout le cours de leur carrière d'artiste.

XXXI.

Les actrices et les gens de lettres.

Terminons en détruisant, s'il se peut, ce vieux préjugé, très-enraciné dans un certain monde, qui consiste à représenter les écrivains comme vivant avec les actrices dans une espèce d'accointance traditionnelle et seigneuriale, qu'ils doivent à leur position soit de critique, soit de faiseur de pièces.

C'est en grande partie du roman, déclarons-le.

Dire qu'il n'y a jamais de liaison entre écrivain et actrice, ce serait trop s'engager sans doute et aller d'ailleurs contre la réalité de certains faits.

Mais il est permis d'assurer que ces sortes de liaisons sont beaucoup plus rares qu'on ne suppose et que même la plupart des auteurs qui se respectent s'en éloignent comme d'un danger.

De deux choses l'une, ou l'auteur est inconnu, sans nom, sans influence. Alors, qu'est-ce qu'il représente pour l'actrice? Acceptera-t-il ses faveurs à titre d'aumône?

Il peut arriver avec elle jusqu'à cette familiarité de camarade, qui est presque toujours le contre-pied de l'amour.

Il peut rire, causer longuement, fumer, causer avec l'actrice. Mais voilà tout! Défense absolue de mettre le pied sur un autre terrain.

Si au contraire l'auteur est aimé, s'il s'est fait un nom dans la critique ou la littérature dramatique, qu'est-ce que l'actrice lui représente à son tour?

Presque toujours un obstacle ou, si l'on veut, un prétendu bonheur qu'il faut payer soit avec un encens de feuilleton qui coûte si cher, soit avec un rôle qu'il faut bien se laisser arracher dans certains cas, au risque souvent de compromettre le sort d'une pièce.

Il n'est donc pas rare de voir beaucoup d'écrivains éprouver, pour les femmes de théâtre, non pas de la répulsion, le terme serait trop dur, mais une grande insensibilité, ne voir en elles qüe des êtres officiels qui leur refusent des rôles quand même et en dehors de toutes les questions de cœur.

Un vrai auteur et une vraie comédienne ne sauraient faire bon ménage ensemble.

On dit souvent qu'on donne un rôle pour posséder une actrice. C'est qu'on ne tient guère ni à l'actrice ni au rôle.

Les musiciens seuls se permettent les liaisons d'actrices.

XXXII.

Conclusion.

Un dernier mot pour finir.

On dit de tous les côtés qu'il n'y a plus d'actrices aujourd'hui. Quoi de plus simple ?

Le répertoire de M. Scribe n'est-il pas venu prouver qu'il n'y avait rien au monde de plus ridicule que la femme d'imagination, de fantaisie, celle qui sortait de l'épaisseur d'un cheveu seulement du cadre de la vie positive ?

Il est certain que M. Scribe a beaucoup contribué à inventer l'actrice pot-au-feu, celle qui tricote, qui fait elle-même ses chapeaux, qui a sa chaise en velours à Notre-Dame-de-Lorette.

On trouve la comédienne d'à présent beaucoup trop rangée, souvent avare; on se plaint qu'elle abuse de la caisse d'épargne.

Elle est après tout ce que sont la plupart de nos grands financiers, de nos riches propriétaires, les fils ou petits-fils de ces hommes qui jetaient autrefois tant d'argent par les fenêtres.

Est-ce que nous ne sommes pas dans un temps d'intérêt et de calculs en tout genre ?

Qui est-ce qui se ruine en définitive? qui est-ce qui fait de la propagande de bonne foi, même pour son plaisir?

L'actrice est l'expression de la société.

TABLE.

Imprimerie de Ch. Lahure (ancienne maison Crapelet)
rue de Vaugirard, 9, près de l'Odéon.

9 782016 130155